Soyons actifs! 1

Maiko IMANAKA Takeshi CHUJO

HAKUSUISHA

音声ダウンロード

この教科書の音源は白水社ホームページ（www.hakusuisha.co.jp/download/）からダウンロードすることができます（お問い合わせ先：text@hakusuisha.co.jp）。

装幀・本文デザイン：岡村 伊都
本文イラスト：ツダ タバサ
音声ナレーション：Jean-François GRAZIANI　Liliane LATTANZIO
Léna GIUNTA

N
W
E
S
Canada
Québec
Nouveau-Brunswick
Louisiane
Haïti
Guadeloupe
Martinique
Guyane française
Polynésie française
Belgique
France
Maroc
Mauritanie
Sénégal
Guinée
Côte d'Ivoire
Burkina Faso
Togo
Bénin
フランス語が公的な地位をもつ国・地域
上記以外でフランス語話者が多い国・地域

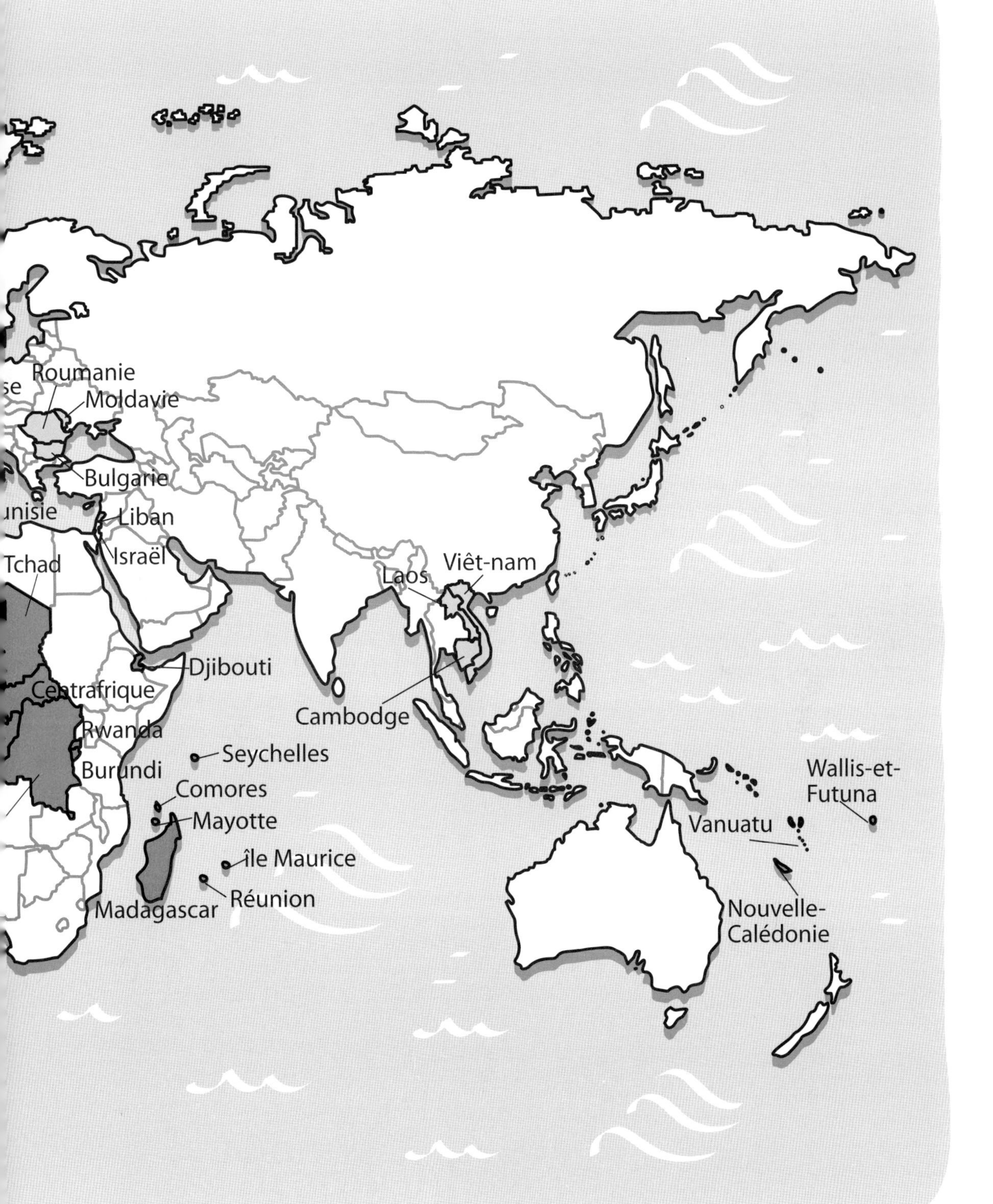

Roumanie
Moldavie
Bulgarie
Liban
Israël
Tchad
Djibouti
Centrafrique
Rwanda
Burundi
Seychelles
Comores
Mayotte
île Maurice
Réunion
Madagascar
Laos
Viêt-nam
Cambodge
Wallis-et-
Futuna
Vanuatu
Nouvelle-
Calédonie

はじめに

この教科書では、フランス語を「アクティヴ」に学びます。つまり、ことばを主体的に学びながら、自ら考える力、課題達成に向けて助け合う力、自分のことを表現する力を身につけていきます。文法や発音の規則について考えるときも、フランス語でやりとりしたり、読んだり書いたりするときも、授業の主役はいつもあなたです。間違いを恐れず、周りの仲間と共に、積極的にさまざまな活動に参加してください。この教科書で学ぶことで、単にフランス語を使えるようになるというだけでなく、あなたの今後の活躍の場がひろがっていくことを願っています。

2019 年秋　著者

Découverte !
スキットについての問いに答えながら、その課で理解しておくべき文法や表現について発見していきます。

Exercices
自分で書きこみながら文法のまとめページを作ったり練習問題に取り組んだりすることで、文法の理解をさらに深め、作文や口頭表現のための準備をします。

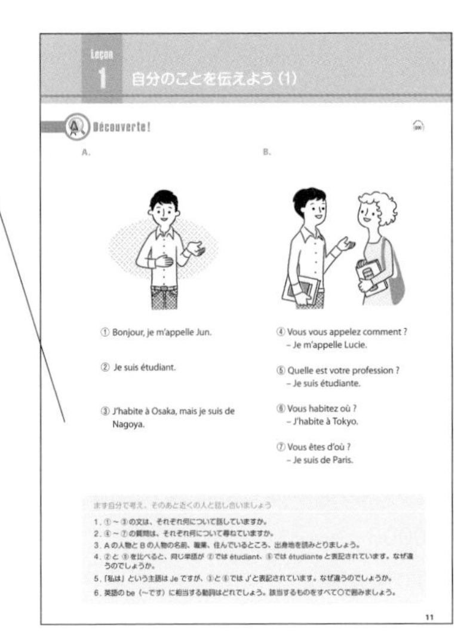

Leçon 1 自分のことを伝えよう (1)

Découverte !

A.

① Bonjour, je m'appelle Jun.

② Je suis étudiant.

③ J'habite à Osaka, mais je suis de Nagoya.

B.

④ Vous vous appelez comment ? – Je m'appelle Lucie.

⑤ Quelle est votre profession ? – Je suis étudiante.

⑥ Vous habitez où ? – J'habite à Tokyo.

⑦ Vous êtes d'où ? – Je suis de Paris.

まず自分で考え、そのあと近くの人と話し合いましょう

1. ①～③の文は、それぞれ何について話していますか。
2. ④～⑦の質問は、それぞれ何について尋ねていますか。
3. A の人物と B の人物の名前、職業、住んでいるところ、出身地を読みとりましょう。
4. ②と⑤を比べると、同じ単語が②では étudiant、⑤では étudiante と表記されています。なぜ違うのでしょうか。
5. 「私は」という主語は Je ですが、①と③では J' と表記されています。なぜ違うのでしょうか。
6. 英語の be (～です) に相当する動詞はどれでしょう。該当するものをすべて〇で囲みましょう。

11

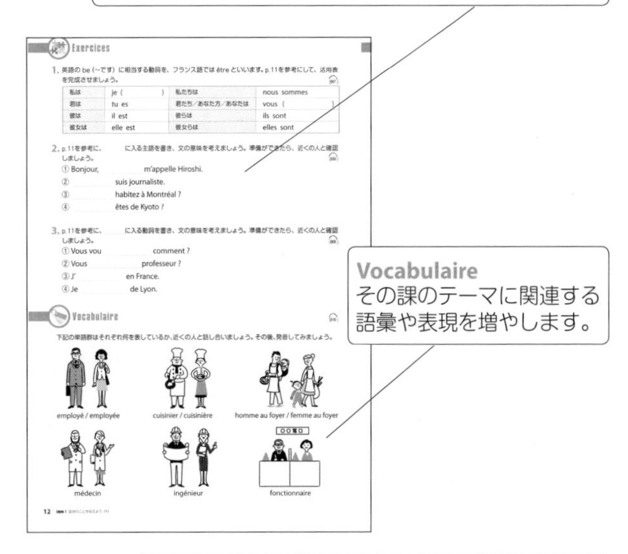

Exercices

1. 英語の be (～です) に相当する動詞を、フランス語では être といいます。p.11を参考にして、活用表を完成させましょう。

私は	je (　　)	私たちは	nous sommes
君は	tu es	君たち／あなた方／あなたは	vous (　　)
彼は	il est	彼らは	ils sont
彼女は	elle est	彼女らは	elles sont

2. p.11を参考に、　　に入る主語を書き、文の意味を考えましょう。準備ができたら、近くの人と確認しましょう。
① Bonjour, 　　m'appelle Hiroshi.
② 　　suis journaliste.
③ 　　habitez à Montréal ?
④ 　　êtes de Kyoto ?

3. p.11を参考に、　　に入る動詞を書き、文の意味を考えましょう。準備ができたら、近くの人と確認しましょう。
① Vous vous 　　comment ?
② Vous 　　professeur ?
③ J' 　　en France.
④ Je 　　de Lyon.

Vocabulaire

下記の単語群はそれぞれ何を表しているか、近くの人と話し合いましょう。その後、発音してみましょう。

employé / employée　cuisinier / cuisinière　homme au foyer / femme au foyer　médecin　ingénieur　fonctionnaire

12

Vocabulaire
その課のテーマに関連する語彙や表現を増やします。

Dialogue / Lecture
Dialogue では 2 人の人物の会話を聞いて内容を理解し、ペアで再現します。Lecture では少し長めの文章を読んでおおまかな内容を理解します。

Activités
その課のテーマに関連するコミュニケーション力を養います。

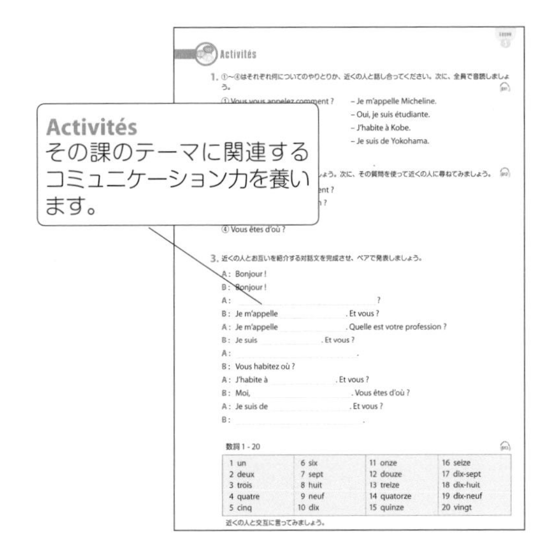

Activités

1. ①～④はそれぞれ何についてのやりとりか、近くの人と話し合ってください。次に、全員で音読しましょう。
① Vous vous appelez comment ? – Je m'appelle Micheline.
– Oui, je suis étudiante.
– J'habite à Kobe.
– Je suis de Yokohama.

④ Vous êtes d'où ?

3. 近くの人とお互いを紹介する対話文を完成させ、ペアで発表しましょう。
A : Bonjour !
B : Bonjour !
A : 　　?
B : Je m'appelle 　　. Et vous ?
A : Je m'appelle 　　. Quelle est votre profession ?
B : Je suis 　　. Et vous ?
A : 　　.
B : Vous habitez où ?
A : J'habite à 　　. Et vous ?
B : Moi, 　　. Vous êtes d'où ?
A : Je suis de 　　. Et vous ?
B : 　　.

数詞 1 - 20

1 un	6 six	11 onze	16 seize
2 deux	7 sept	12 douze	17 dix-sept
3 trois	8 huit	13 treize	18 dix-huit
4 quatre	9 neuf	14 quatorze	19 dix-neuf
5 cinq	10 dix	15 quinze	20 vingt

近くの人と交互に言ってみましょう。

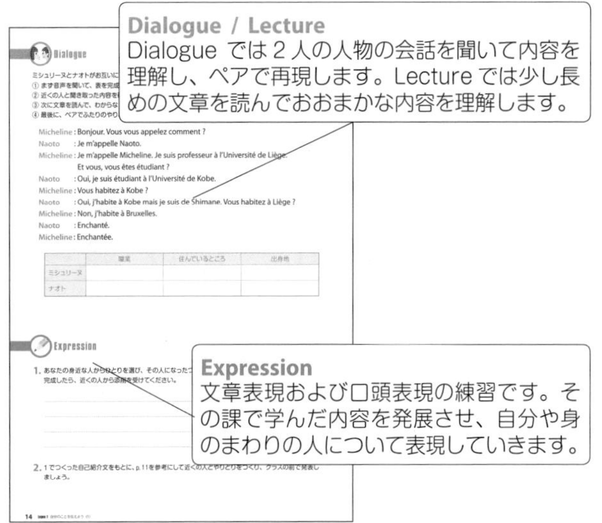

Dialogue

Micheline : Bonjour. Vous vous appelez comment ?
Naoto : Je m'appelle Naoto.
Micheline : Je m'appelle Micheline. Je suis professeur à l'Université de Liège. Et vous, vous êtes étudiant ?
Naoto : Oui, je suis étudiant à l'Université de Kobe.
Micheline : Vous habitez à Kobe ?
Naoto : Oui, j'habite à Kobe mais je suis de Shimane. Vous habitez à Liège ?
Micheline : Non, j'habite à Bruxelles.
Naoto : Enchanté.
Micheline : Enchantée.

	職業	住んでいるところ	出身地
ミシュリーヌ			
ナオト			

Expression

2. 1 でつくった自己紹介文をもとに、p.11を参考にして近くの人とやりとりをつくり、クラスの前で発表しましょう。

14

Expression
文章表現および口頭表現の練習です。その課で学んだ内容を発展させ、自分や身のまわりの人について表現していきます。

Table des matières

Introduction
フランス語を学ぶための準備をしよう …p.7
■あいさつ ■数詞 ■アルファベ ■フランス語圏の国や地域
■教室で使う表現 ■フランス語学習に役立つ情報 ■つづり字記号 ■つづり字の読み方
■リエゾン、アンシェヌマン、エリズィヨン ■無音のhと有音のh ■辞書の使い方

Leçon 1
自分のことを伝えよう (1) …p.11
Savoir-faire ■名前、職業、住んでいるところ、出身地を伝えられる
Vocabulaire ■職業 ■数詞1～20
Grammaire ■主語人称代名詞 ■動詞êtreの活用

Leçon 2
自分のことを伝えよう (2) …p.15
Savoir-faire ■国籍、年齢、兄弟の有無、話せる言語を伝えられる
Vocabulaire ■国、国籍、言語 ■数詞21～69 ■年齢の言い方
Grammaire ■動詞avoirの活用 ■男性形と女性形 ■不定冠詞

Leçon 3
家族や友人を紹介しよう …p.19
Savoir-faire ■人の容姿や性格を描写できる
Vocabulaire ■家族 ■容姿、性格、服装、色 ■数詞70～100
Grammaire ■所有形容詞 ■否定文

Leçon 4
趣味や好みを紹介しよう …p.23
Savoir-faire ■趣味、余暇の活動について話せる ■好きなもの、嫌いなものについて話せる
Vocabulaire ■食べ物、飲み物 ■趣味 ■数詞100～10000
Grammaire ■-er動詞の活用 ■定冠詞 ■人称代名詞の強勢形

Leçon 5
道案内をしよう …p.27
Savoir-faire ■人や物の位置について説明できる ■道順についてのやりとりができる
Vocabulaire ■施設 ■身のまわり品 ■道案内の表現 ■序数
Grammaire ■定冠詞と不定冠詞の使い分け ■Il y a 構文 ■場所を表す前置詞

Leçon 6
行動について話そう …p.31
Savoir-faire ■したばかりのこと、している最中のこと、これからすることについて話せる
Vocabulaire ■習慣 ■四則計算
Grammaire ■動詞aller／venirの活用 ■近接過去と近接未来 ■être en train de ～

Leçon 7 習慣について話そう …p.35

Savoir-faire ■一日の行動について話せる ■日常の習慣について話せる ■時間についてやりとりできる
Vocabulaire ■曜日 ■頻度 ■時刻の言い方
Grammaire ■代名動詞の活用 ■さまざまな動詞の活用 ■部分冠詞

Leçon 8 過去の経験を伝えよう …p.39

Savoir-faire ■過去の行為や出来事についてやりとりできる
Vocabulaire ■季節、年月日 ■値段の尋ね方・答え方
Grammaire ■複合過去 ■過去分詞

Leçon 9 過去の自分について語ろう …p.43

Savoir-faire ■過去の習慣、状況、気持ちについてやりとりできる
Vocabulaire ■印象、感想 ■体調 ■単位
Grammaire ■半過去 ■複合過去と半過去の使い分け

Leçon 10 インターネットを使おう …p.47

Savoir-faire ■インターネットの情報を読みとり、比較検討できる ■天気についてやりとりできる
Vocabulaire ■インターネット ■天気
Grammaire ■比較級と最上級 ■前置詞と定冠詞の縮約

Leçon 11 未来について語ろう …p.51

Savoir-faire ■今後の予定や将来についてやりとりできる
Vocabulaire ■可能、願望、義務を表す表現
Grammaire ■単純未来 ■指示形容詞

Leçon 12 インタビューをしよう …p.55

Savoir-faire ■身近な人に簡単なインタビューをし、その結果を順序だてて発表することができる
Vocabulaire ■疑問詞 ■順序を表す副詞 ■接続詞 ■交通手段
Grammaire ■疑問詞 ■直接／間接目的補語代名詞

ジャンル別単語リスト …p.59　達成度チェックリスト …p.66

地図をヒントに、次のフランス語の国名を日本語で書きましょう。

l'Allemagne	
l'Andorre	
la Belgique	
l'Espagne	
le Luxembourg	
le Royaume-Uni	

地図をヒントに、次の町の名前をフランス語で書きましょう。

パリ	
マルセイユ	
ニース	
リヨン	
ボルドー	
ストラスブール	

QUIZ　まず自分で考え、そのあと近くの人と話し合いましょう。

1. フランス語話者がいちばん多いのはどこでしょう。
   a. アジア　b. アフリカ　c. ヨーロッパ
2. フランス語の単語の多くはどの言語に由来しているでしょう。
   a. ギリシャ語　b. ガリア語　c. ラテン語
3. 次のうち正しいものをすべて選びましょう。
   a. イングランドの貴族階級の間で、英語よりもフランス語が話されていた時期がある。
   b. カステラ、カフェオレ、ミルフィーユはすべてフランス語由来の単語である。
   c. フランス語は EU の公用語のひとつである。
   d. フランス語はオリンピックの第一公用語である。

Introduction フランス語を学ぶための準備をしよう

あいさつ

あいさつの表現がさまざまな言語で書かれています。それぞれ4つの選択肢の中からフランス語だと思うものに○をつけましょう。意味も予想できたら、(　　　　)の中に対応する日本語を書いてみましょう。

(　　　　　　)	Buongiorno.	Bonjour.	Guten Tag.	Здравствуйте.
(　　　　　　)	Bonsoir.	Good evening.	Buenas noches.	Goedenavond.
(　　　　　　)	Adiós.	Auf Wiedersehen.	Au revoir.	Arrivederci.
(　　　　　　)	Obrigado.	Спасибо.	Merci.	Danke.
(　　　　　　)	De rien.	Bitte schön.	You're welcome.	De nada.
(　　　　　　)	Per favore.	Please.	Por favor.	S'il vous plaît.
(　　　　　　)	Excusez-moi.	Извините.	Disculpe.	Scusi.

数詞

0	1	2	3	4	5	6	7	8	9	10

1. 先生のあとについて、発音してみましょう。
2. 近くの人と交互に1つずつ発音してみましょう。
3. 数人のグループで輪になって1つずつ発音してみましょう。
4. 近くの人とお互いに好きな数字を言い、聞きとってみましょう。

アルファベ

A	B	C	D	E	F	G	H	I	J	K	L	M
N	O	P	Q	R	S	T	U	V	W	X	Y	Z

1. 先生のあとについて、発音してみましょう。
2. 近くの人と交互に1文字ずつ発音してみましょう。
3. 数人のグループで輪になって1文字ずつ発音してみましょう。
4. 自分の名前、先生の名前、近くの人の名前をアルファベで言ってみましょう。
5. 先生がアルファベで言った単語を聞き、書きとってみましょう。

フランス語圏の国や地域

左ページの地図を見て、下記の2項目について読みとれたものを日本語で書いてみましょう。

フランス語が公的な地位をもつ国・地域	
上記以外でフランス語話者が多い国・地域	

教室で使う表現

選択肢の中のフランス語の文を、今後、教室であなたの先生がよく使いそうな表現とあなた自身がよく使いそうな表現に分類してまとめておきましょう。必要なら両方に書いても構いません。

Lisez à haute voix. 大きな声で読んでください。	Pardon ? 何と言いました？
Ouvrez le livre, page ... 本の…ページを開いてください。	Fermez le livre. 本を閉じてください。
Je ne comprends pas. 言っていることが分かりません。	Je ne sais pas. 知りません。
Ça s'écrit comment ? それはどんなつづりですか？	J'ai fini ! 終わりました！
Répétez après moi. あとについて繰り返してください。	Écoutez bien. よく聞いてください。
Comment dit-on ... en français ? …はフランス語で何と言いますか？	Écrivez. 書いてください。

フランス語学習に役立つ情報

先生のおすすめを聞いたりインターネットで調べたりして、本のタイトルや参考になるサイト、試験の日程などの情報をメモしておきましょう。実際に見てみたものや挑戦してみたものには□にチェックを入れましょう。

□ 仏和辞典	
□ 文法書	
□ 単語集	
□ 参考文献	
□ 参考サイト	
□ テレビ・ラジオ番組	
□ 資格試験	
□ コンクール	
□ フランス語圏留学	

つづり字記号

フランス語の文字には、次のようなつづり字記号がついている場合があります。この教科書や辞書の中から該当する単語を探し、表を完成させましょう。

´	accent aigu	アクサン・テギュ	é	
`	accent grave	アクサン・グラーヴ	à, è, ù	
ˆ	accent circonflexe	アクサン・シルコンフレックス	â, ê, î, ô, û	
¸	cédille	セディーユ	ç	
¨	tréma	トレマ	ë, ï, ü	Noël
’	apostrophe	アポストロフ	j'ai, c'est, n'est, l'ami, d'Osaka	
-	trait d'union	トレ・デュニオン	dix-sept, peut-être, est-il	

つづり字の読み方

1. 日本でも外来語として使われることのあるフランス語の例です。近くの人と一緒に、意味と発音を考えてみましょう。

crayon	bleu	rouge	chocolat	mayonnaise
sauce	croissant	baguette	pain	restaurant
champagne	ensemble	flûte	système	maison

2. 上の単語の下線部に関する発音規則の表です。該当する単語を上から選んで表を完成させましょう。次に、規則を確認しながら、近くの人と交互に音読しましょう。

単母音字	語末の e は発音しない。	
単母音字	u / û は [y] と発音する。	flûte
単母音字	y は [i] と発音する。	
複母音字	ai / ei は [ɛ] と発音する。	
複母音字	au / eau は [o] と発音する。	
複母音字	eu / œ / œu は [ø] と発音する。	
複母音字	ou は [u] と発音する。	
複母音字	oi は [wa] と発音する。	croissant
鼻母音	on / om は [ɔ̃] と発音する。	
鼻母音	an / am / en / em は [ɑ̃] と発音する。	
鼻母音	in / im / ain / aim / ein は [ɛ̃] と発音する。	
子音字	語末の子音字は発音しない（一部の例外を除く）。	
子音字	ch は [ʃ] と発音する。	
子音字	gn は [ɲ] と発音する。	champagne
子音字	〈母音＋ s ＋母音〉の場合、s は [z] と発音する。	

リエゾン、アンシェヌマン、エリズィヨン

1. リエゾン (liaison)

   語末の発音されない子音が、次の語の頭の母音と結びついて発音されることを指します。リエゾンは、必ずする場合、してはいけない場合、してもしなくてもいい場合があります。

   des amis（友人たち） des［デ］＋ amis［アミ］＝ des amis［デザミ］

2. アンシェヌマン (enchaînement)

   もともと発音される語末の子音が、次の語の頭の母音とつなげて発音されることを指します。

   il aime（彼は～が好きだ） il［イル］＋ aime［エーム］＝ il aime［イレーム］

3. エリズィヨン (élision)

   ce, de, je, me, te, se, le, la, ne, que, si などの語のあとに母音または無音の h で始まる語が続くとき、母音字を省略してアポストロフをつけることを指します。

   c'est（それは～だ） ce［ス］＋ est［エ］＝ c'est［セ］

無音の h と有音の h

フランス語では h は発音されません。ただし、文法や発音に関して、次の 2 つに分けて扱われます。

1. 無音の h (h muet) : h の存在は無視され、その次の母音で始まる場合と同じように扱われます。大部分の h は無音の h です。

   l'histoire（歴史）［リストワール］ l'hôtel（ホテル、館）［ロテル］
   les hommes（人々、男たち）［レ・ゾム］

2. 有音の h (h aspiré) : 発音されませんが、h は子音として扱われます。有音の h は他言語から影響を受けている語にみられます。

   le héros（英雄）［ル・エロ］ le haut（高所）［ル・オー］
   le hasard（偶然）［ル・アザール］

辞書の使い方

1. 辞書を開き、次のような場合にはどこを見ればわかるか、近くの人と話し合ってみましょう。
   ① その単語の日本語訳を調べたい。
   ② その単語の発音を確認したい。
   ③ その単語の品詞（名詞／動詞／形容詞／副詞／接続詞／前置詞など）がわからない。
   ④ その名詞の性（男性名詞／女性名詞）がわからない。
   ⑤ その動詞の活用のパターンを調べたい。
   ⑥ その単語の用例を知りたい。
2. 辞書をひき、次の文がどのような意味か予想してみましょう。

   Le verbe « aimer » est le plus compliqué de la langue française.

Leçon 1

自分のことを伝えよう (1)

Découverte !

A.

B.

① Bonjour, je m'appelle Jun.

② Je suis étudiant.

③ J'habite à Osaka, mais je suis de Nagoya.

④ Vous vous appelez comment ?
– Je m'appelle Lucie.

⑤ Quelle est votre profession ?
– Je suis étudiante.

⑥ Vous habitez où ?
– J'habite à Tokyo.

⑦ Vous êtes d'où ?
– Je suis de Paris.

まず自分で考え、そのあと近くの人と話し合いましょう

1. ①～③の文は、それぞれ何について話していますか。
2. ④～⑦の質問は、それぞれ何について尋ねていますか。
3. Aの人物とBの人物の名前、職業、住んでいるところ、出身地を読みとりましょう。
4. ②と⑤を比べると、同じ単語が②では étudiant、⑤では étudiante と表記されています。なぜ違うのでしょうか。
5. 「私は」という主語は Je ですが、③と⑥では J' と表記されています。なぜ違うのでしょうか。
6. 英語の be（～です）に相当する動詞はどれでしょう。該当するものをすべて○で囲みましょう。

Exercices

1. 英語の be（～です）に相当する動詞を、フランス語では être といいます。前のページを参考にして、活用表を完成させましょう。 007

私は	je（　　　）	私たちは	nous sommes
君は	tu es	君たち／あなた方／あなたは	vous（　　　）
彼は	il est	彼らは	ils sont
彼女は	elle est	彼女らは	elles sont

2. 前のページを参考に、………… に入る主語を書き、文の意味を考えましょう。準備ができたら、近くの人と確認しましょう。 008

① Bonjour, ………………… m'appelle Hiroshi.

② ………………… suis journaliste.

③ ………………… habitez à Montréal ?

④ ………………… êtes de Kyoto ?

3. 前のページを参考に、………… に入る動詞を書き、文の意味を考えましょう。準備ができたら、近くの人と確認しましょう。 009

① Vous vous ………………… comment ?

② Vous ………………… professeur ?

③ J'………………… en France.

④ Je ………………… de Lyon.

Vocabulaire

010

下記の単語群はそれぞれ何を表しているか、近くの人と話し合いましょう。その後、発音してみましょう。

employé / employée

cuisinier / cuisinière

homme au foyer / femme au foyer

médecin

ingénieur

fonctionnaire

Activités

1. ①〜④はそれぞれ何についてのやりとりか、近くの人と話し合ってください。次に、全員で音読しましょう。 011

① Vous vous appelez comment ? – Je m'appelle Micheline.
② Vous êtes étudiante ? – Oui, je suis étudiante.
③ Vous habitez où ? – J'habite à Kobe.
④ Vous êtes d'où ? – Je suis de Yokohama.

2. ①〜④の質問文を全員で音読しましょう。次に、その質問を使って近くの人に尋ねてみましょう。 012

① Vous vous appelez comment ?
② Quelle est votre profession ?
③ Vous habitez où ?
④ Vous êtes d'où ?

3. 近くの人とお互いを紹介する対話文を完成させ、ペアで発表しましょう。

A : Bonjour !
B : Bonjour !
A : .... ?
B : Je m'appelle .... Et vous ?
A : Je m'appelle .... Quelle est votre profession ?
B : Je suis .... Et vous ?
A : ....
B : Vous habitez où ?
A : J'habite à .... Et vous ?
B : Moi, ... Vous êtes d'où ?
A : Je suis de .... Et vous ?
B : ....

数詞 1 - 20 013

1 un	6 six	11 onze	16 seize
2 deux	7 sept	12 douze	17 dix-sept
3 trois	8 huit	13 treize	18 dix-huit
4 quatre	9 neuf	14 quatorze	19 dix-neuf
5 cinq	10 dix	15 quinze	20 vingt

近くの人と交互に言ってみましょう。

Dialogue

014

ミシュリーヌとナオトがお互いに自己紹介をしています。
① まず音声を聞いて、表を完成させましょう。該当するものがない場合は×を記入しましょう。
② 近くの人と聞き取った内容を確認しましょう。
③ 次に文章を読んで、わからなかったところを確認しましょう。
④ 最後に、ペアでふたりのやりとりを再現してみましょう。

Micheline : Bonjour. Vous vous appelez comment ?
Naoto : Je m'appelle Naoto.
Micheline : Je m'appelle Micheline. Je suis professeur à l'Université de Liège.
Et vous, vous êtes étudiant ?
Naoto : Oui, je suis étudiant à l'Université de Kobe.
Micheline : Vous habitez à Kobe ?
Naoto : Oui, j'habite à Kobe mais je suis de Shimane. Vous habitez à Liège ?
Micheline : Non, j'habite à Bruxelles.
Naoto : Enchanté.
Micheline : Enchantée.

	職業	住んでいるところ	出身地
ミシュリーヌ			
ナオト			

Expression

1. あなたの身近な人からひとりを選び、その人になったつもりで自己紹介を3文以上書きましょう。文が完成したら、近くの人から添削を受けてください。

2. 1でつくった自己紹介文をもとに近くの人とやりとりをつくり、クラスの前で発表しましょう。

Leçon 2 自分のことを伝えよう (2)

Découverte !

015

A.

① Je suis japonaise.

② J'ai 20 ans.

③ J'ai un frère et une sœur.

④ Je parle japonais et français.

B.

⑤ Quelle est votre nationalité ?
– Je suis chinois.

⑥ Vous avez quel âge ?
– J'ai 18 ans.

⑦ Vous avez des frères et sœurs ?
– Non, je suis fils unique.

⑧ Vous parlez quelles langues ?
– Je parle chinois, anglais et français.

まず自分で考え、そのあと近くの人と話し合いましょう

1. ① ~ ④ の文は、それぞれ何について話していますか。
2. ⑤ ~ ⑧ の質問は、それぞれ何について尋ねていますか。
3. A の人物と B の人物の国籍、年齢、兄弟姉妹の有無、話せる言語を読みとりましょう。
4. ③ と ⑦ を見て、un, une, des の違いを考えてみましょう。
5. 英語の have（~を持っています）に相当する動詞はどれでしょう。該当するものをすべて○で囲みましょう。

Exercices

1. 英語の have（～を持っています）に相当する動詞を、フランス語では avoir といいます。前のページを参考にして、活用表を完成させましょう。 016

私は	j'（　　　　）	私たちは	nous avons
君は	tu as	君たち／あなた方／あなたは	vous （　　　　）
彼は	il a	彼らは	ils ont
彼女は	elle a	彼女らは	elles ont

2. 前のページを参考に、………… に入る動詞を書き、文の意味を考えましょう。準備ができたら、近くの人と確認しましょう。 017

① Vous ………… quel âge ?　– J' ………… 21 ans.

② Vous ………… français ?　– Oui, je parle français et anglais.

③ Vous êtes belge ?　– Non, je ………… française.

④ Vous ………… des frères et sœurs ?　– Non, je ………… fille unique.

3. ①～③は、すべて女性が主語の文です。男性が主語の文に書きかえてみましょう。書けたら、近くの人と確認しましょう。 018

① Je suis française.

→ …………………………………………

② Elle est étudiante.

→ …………………………………………

③ Elles sont japonaises.

→ …………………………………………

Vocabulaire

019

発音を確認したあと、近くの人と交互に音読しましょう。

	日本	フランス	中国	韓国
国	le Japon	la France	la Chine	la Corée du Sud
国籍	japonais(e)	français(e)	chinois(e)	coréen(ne)
言語	le japonais	le français	le chinois	le coréen
	アメリカ	ドイツ	スペイン	ロシア
国	les États-Unis	l'Allemagne	l'Espagne	la Russie
国籍	américain(e)	allemand(e)	espagnol(e)	russe
言語	l'anglais	l'allemand	l'espagnol	le russe

Activités

1. ①～④はそれぞれ何についてのやりとりか、近くの人と話し合ってください。次に、全員で音読しましょう。 020

① Vous êtes coréenne ? – Non, je suis taïwanaise.
② Vous avez quel âge ? – Moi, j'ai 19 ans.
③ Vous avez des frères et sœurs ? – Oui, j'ai un frère et une sœur.
④ Vous parlez chinois ? – Oui, je parle chinois et japonais.

2. ①～④の質問文を全員で音読しましょう。次にその質問を使って近くの人とやりとりしましょう。 021

① Quelle est votre nationalité ?
② Vous avez quel âge ?
③ Vous avez des frères et sœurs ?
④ Vous parlez quelles langues ?

3. 近くの人とお互いを紹介する対話文を完成させ、ペアで発表しましょう。

A : Bonjour !
B : Bonjour !
A : Quelle est votre nationalité ?
B : Je suis ………………………… . Et vous ?
A : Moi, ………………………………………… . Quel âge avez-vous ?
B : J'ai ……………… ans. Et vous ?
A : ………………………………………… . Vous avez des frères et sœurs ?
B : ………………………………………………… . Et vous ?
A : ………………………………………………… .
B : Vous parlez quelles langues ?
A : ………………………………………………………… . Et vous ?
B : Moi, ………………………………………………… .

数詞 21 - 69 022

21 vingt et un	28 vingt-huit
22 vingt-deux	29 vingt-neuf
23 vingt-trois	30 trente
24 vingt-quatre	40 quarante
25 vingt-cinq	50 cinquante
26 vingt-six	60 soixante
27 vingt-sept	

年齢の言い方 023

16 歳 seize ans	21 歳 vingt et un ans
17 歳 dix-sept ans	22 歳 vingt-deux ans
18 歳 dix-huit ans	23 歳 vingt-trois ans
19 歳 dix-neuf ans	24 歳 vingt-quatre ans
20 歳 vingt ans	25 歳 vingt-cinq ans

表を参考に、21 から 69 までの数字を近くの人と交互に言ってみましょう。

Lecture

セリーヌが自己紹介をしています。文章を読み、表を完成させましょう。書けたら、近くの人と内容を確認しましょう。

Je m'appelle Céline.
Je suis canadienne.
J'habite à Montréal, au Canada.
Je suis professeur d'histoire à l'Université du Québec à Montréal.
J'ai 53 ans.
Je parle français et anglais.
J'ai deux frères et une sœur.

名前	セリーヌ
国籍	
住んでいるところ	
職業	
年齢	
話せる言語	
兄弟姉妹の数	

Expression

1課と2課をふりかえり、自己紹介を7文以上書きましょう。文が完成したら、近くの人から添削を受けてください。最後に、グループでお互いの自己紹介文を発表しましょう。

Leçon 3

家族や友人を紹介しよう

Découverte!

025

A.

C'est mon père.
Il s'appelle Alexis.
Il est grand.

B.

C'est ma mère.
Elle s'appelle Kazumi.
Elle n'est pas grande.

C.

C'est ma sœur.
Elle a les cheveux longs et noirs.
Elle a des lunettes.
Elle est très sympathique.

D.

C'est mon frère.
Il a les cheveux courts.
Il porte toujours une chemise blanche et un pantalon bleu.
Il est sportif.

まず自分で考え、そのあと近くの人と話し合いましょう

1. A ～ D はそれぞれ家族の誰についての紹介ですか。
2. 「私の」という意味に相当する単語を○で囲みましょう。A ～ D にそれぞれ 1 つずつあります。
3. A ～ D では○で囲んだ単語の形に違いがあります。なぜでしょうか。
4. A と B を比べると、同じ単語なのに A では grand、B では grande と表記されています。なぜ違うのでしょうか。
5. C と D の cheveux という単語のあとにくる語はすべて s で終わっています。なぜでしょうか。
6. 形容詞だと思う単語を□で囲みましょう。
7. 否定文だと思う文に下線を引きましょう。

Exercices

026

1. (　　) に適切な日本語を書きましょう。

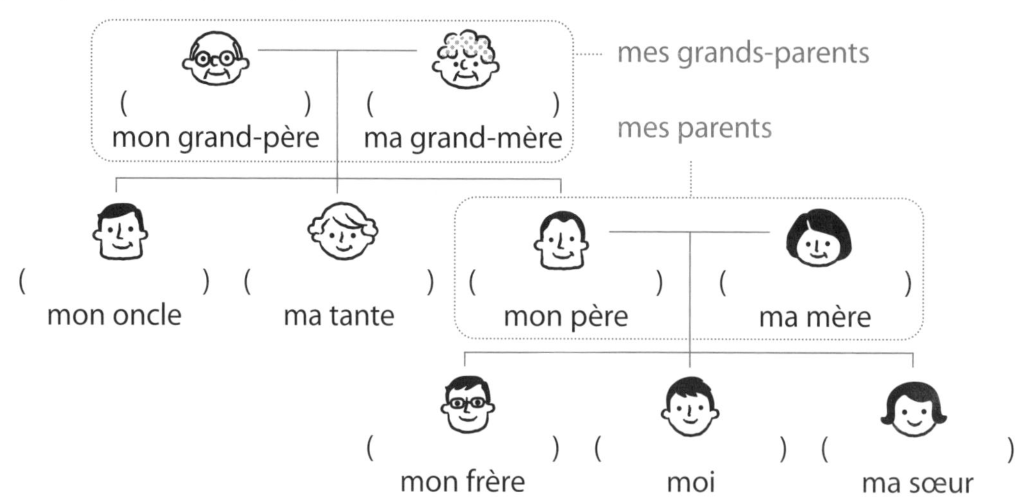

2. mon, ma, mes のように所有者を示す形容詞を「所有形容詞」といいます。下記の所有形容詞の表を上下左右の単語をヒントにして完成させ、近くの人と確認しましょう。 027

	所有者	男性単数	女性単数	複数
単数	私の	(　　)	(　　)*	(　　)
	君の	ton	ta *	(　　)
	彼／彼女の	(　　)	sa *	ses
複数	私たちの	notre		nos
	君たち／あなた方／あなたの	(　　)		vos
	彼ら／彼女らの	leur		leurs

＊母音や無音の h で始まる名詞につく場合は、男性単数と同じ形になります。

3. 否定文は動詞を ne と pas ではさんで作ります。ただし、前のページの例のように動詞が母音や無音の h で始まる場合は ne が n' となります。次の否定文をフランス語で作文し、近くの人と確認しましょう。 028

① 彼女のおじさんは背が高くありません。 ……………………

② 彼のご両親はフランス人ではありません。 ……………………

③ 私の父には兄弟がいません。 ……………………

＊ un, une, des は、否定文の場合は de になります（一部の例外を除く）。例）J'ai un frère. → Je n'ai pas de frère.

Vocabulaire

029

色を表す形容詞です。発音を確認したあと、近くの人と交互に発音しましょう。

rouge

bleu(e)

jaune

vert(e)

brun(e)

blanc(he)

noir(e)

gris(e)

Activités

1. ①～⑥がそれぞれ何についてのやりとりか、近くの人と話し合ってください。次に、全員で音読しましょう。 030

① Ton père, il s'appelle comment ? – Il s'appelle Mohamed.
② Il est comment ? – Il est gentil et très sympathique.
③ Il a les cheveux blancs ? – Non, il a les cheveux gris.
④ C'est ta mère ? – Oui, c'est ma mère. Elle s'appelle Yasmine.
⑤ Elle est comment ? – Elle est grande et elle a des lunettes.
⑥ Elle porte souvent une robe ? – Non, en général, elle porte un pantalon.

2. ①～④の質問文を使って、先生やクラスの誰かについて、近くの人とやりとりしましょう。

① Il [Elle] s'appelle comment ?
② Il [Elle] est comment ?
③ Il [Elle] a les cheveux .... ?
④ Il [Elle] porte .... ?

3. 各自、クラスのメンバーも知っていそうな有名な人やキャラクターをひとり選びましょう。名前は言わずに、Oui か Non で答えられる質問をできるだけたくさん投げかけ、相手が誰を選んだのかを当てましょう。 031

例）**A** : Il est grand ? **B** : Non, il est petit.
A : Il a les cheveux longs ? **B** : Non, il n'a pas de cheveux.
A : Il porte des lunettes ? **B** : Non, il ne porte pas de lunettes.
A : Il est mignon ? **B** : Oui, il est très mignon.

Réponse : Pikachu

4. 身近な人から誰かひとりを選んで紹介文を書き、発表しましょう。その際、名前、背の高さ、髪の長さ、よく見かける服装とその色、性格を必ず入れましょう。

....

....

数詞 70 - 100 032

70 soixante-dix	75 soixante-quinze	80 quatre-vingts
71 soixante et onze	76 soixante-seize	81 quatre-vingt-un
72 soixante-douze	77 soixante-dix-sept	90 quatre-vingt-dix
73 soixante-treize	78 soixante-dix-huit	91 quatre-vingt-onze
74 soixante-quatorze	79 soixante-dix-neuf	100 cent

表を参考に、70 から 100 までの数字を近くの人と交互に言ってみましょう。

ある学生が自分の家族を紹介しています。文章を読み、表を完成させましょう。該当するものがない場合は、×を記入しましょう。書けたら、近くの人と内容を確認しましょう。

Voici ma famille. Nous habitons à Kyoto.
Ma mère s'appelle Yuki. Elle est employée. Elle a 47 ans. Elle parle japonais et un peu chinois. Elle est grande. Elle a les cheveux courts et gris.
Mon père, il s'appelle Hiroyuki. Il est d'Aomori. Il est professeur de français. Il a 45 ans. Il est sérieux et gentil. Il a des lunettes.
Mon frère s'appelle Hiroshi. Il est ingénieur et il travaille à Osaka. Il a 25 ans. Il parle japonais et anglais. Il est un peu gros. Il a les cheveux longs et noirs.
Nous avons aussi un petit* chat qui s'appelle Néko. Il a 3 ans. Il est très mignon mais il n'est pas sympathique.

	名前	職業	年齢	話せる言語	容姿・性格
父					
母					
兄					
ペット					

＊フランス語ではほとんどの形容詞は名詞の後にきますが、grand, petit など一部の形容詞は名詞の前にきます。

自分の家族の紹介を8文以上書きましょう。文が完成したら、近くの人から添削を受けてください。最後に、グループでお互いの紹介文を発表しましょう。

Leçon 4

趣味や好みを紹介しよう

034

A.

Vous aimez écouter de la musique ?
– Oui, j'aime beaucoup.

B.

Vous aimez le sport ?
– Oui, j'aime le foot.

C.

Vous aimez regarder la télé ?
– Non, pas tellement.

D.

Vous aimez la viande ?
– Moi, je préfère le poisson.

E.

Vous aimez voyager ?
– Oui, j'aime beaucoup.

F.

Vous aimez les chats ?
– Non, je n'aime pas les chats.
Je préfère les chiens.

まず自分で考え、そのあと近くの人と話し合いましょう

1.「あなたは～が好きですか」という表現に下線を引きましょう。
2. A～Fのうち、聞かれたものについて「好きだ」と答えているものはどれですか。
3. A, C, Eの疑問文とB, D, Fの疑問文を対比すると、動詞 aimez の次にくるものに違いがあります。どのような違いがあるか考えてみましょう。
4. B, D, Fを見て、le, la, les の違いを考えてみましょう。

Exercices

1. aimer（〜が好きである）という動詞は、「第一群規則動詞（-er 動詞）」と呼ばれる動詞の1つで、活用が規則的です。前のページを参考にして、活用表を完成させましょう。また、語末の -er が活用したと思われる部分をそれぞれ○で囲んでみましょう。 035

私は	j'（　　　　）	私たちは	nous aimons
君は	tu aimes	君たち／あなた方／あなたは	vous （　　　　）
彼は	il aime	彼らは	ils aiment
彼女は	elle aime	彼女らは	elles aiment

2. 上の表を参考に、regarder（〜を見る）という別の第一群規則動詞（-er 動詞）の活用表を書きましょう。できたら近くの人と確認しましょう。 036

私は		私たちは	
君は		君たち／あなた方／あなたは	
彼は		彼らは	
彼女は		彼女らは	

3. .... に入る単語を書き、文の意味を考えましょう。準備ができたら、近くの人と確認しましょう。 037

① .... aimez le chocolat ?
　– Non, ... n'aime pas beaucoup.
② Votre frère .... faire du foot ?
　– Oui, ... aime beaucoup.
③ Tes parents .... aller au cinéma ?
　– Non, ... n'aiment pas tellement.

4. 前のページの D に出てくる Moi という表現のように、主語を強調したり、属詞や前置詞の補語などとして使われる人称代名詞の形を「強勢形」と呼びます。表を参考に、............ に適切な強勢形を書きましょう。 038

主語	Je	Tu	Il	Elle	Nous	Vous	Ils	Elles
強勢形	moi	toi	lui	elle	nous	vous	eux	elles

① .... aussi, tu aimes faire de la natation ?
② J'ai beaucoup d'amis et j'aime sortir avec ....
③ Moi, j'aime beaucoup le vin, mais .... , il n'aime pas l'alcool.

Activités

1. 対話文を読み、近くの人と文の意味を考えましょう。その際、下線部のニュアンスの違いについても考えてみましょう。次に、全員で音読しましょう。 039

① **A** : Vous aimez le thé vert ?

B : Oui, j'aime beaucoup le thé vert.

② **A** : Vous aimez rester à la maison ?

B : Oui, j'aime rester à la maison.

③ **A** : Vous aimez la musique classique ?

B : Euh, je n'aime pas beaucoup la musique classique.

④ **A** : Vous aimez étudier ?

B : Non, je n'aime pas étudier.

⑤ **A** : Vous aimez le pain ?

B : Moi, je préfère le riz.

2. フランス語の疑問文には、①平叙文の文末のイントネーションを上げる、②文頭にEst-ce queをつける、③代名詞と動詞を倒置させる、という3つのパターンがあります。例を参考に選択肢の語句を用いて下線部を入れかえ、近くの人と食べ物・飲み物の好き嫌いや趣味についてやりとりしましょう。 040

① Vous aimez le café ?

② Est-ce que vous aimez les légumes ?

③ Aimez-vous faire la cuisine ?

041

飲み物	le thé	le jus d'orange	le coca	la bière	le vin
食べ物	les fruits	le riz	le pain	la viande	le poisson
趣味	aller à un concert prendre des photos	lire des mangas jouer de la guitare	écrire des messages regarder des vidéos		

3. 週末、夜、放課後に何をするのが好きか、近くの人とやりとりしましょう。 042

Qu'est-ce que vous aimez faire
- le week-end ?
- le soir ?
- après les cours ?

数詞 100 - 100 000 043

100 cent	200 deux cents	1 000 mille
101 cent un	300 trois cents	2 000 deux mille
102 cent deux	401 quatre cent un	10 000 dix mille
110 cent dix	510 cinq cent dix	100 000 cent mille

今年の西暦と自分の生まれた年をフランス語で言ってみましょう。

Dialogue

044

アントワーヌとナナが話しています。
① まず音声を聞いて、表を完成させましょう。
② 近くの人と聞き取った内容を確認しましょう。
③ 次に文章を読んで、わからなかったところを確認しましょう。
④ 最後に、ペアでふたりのやりとりを再現してみましょう。

Antoine : Nana, vous aimez le foot ?
Nana : Non, pas tellement. Moi, j'aime le baseball.
Antoine : Ah bon ? J'aime beaucoup le foot mais je n'aime pas beaucoup le baseball.
Nana : Vous aimez faire du sport ?
Antoine : Non. Je préfère regarder le sport à la télé.
Nana : Qu'est-ce que vous aimez faire le week-end ?
Antoine : J'aime rester à la maison. Et vous ?
Nana : Moi, j'aime beaucoup sortir et faire du jogging le week-end.

	好きなスポーツ	週末に何をするのが好きか
アントワーヌ		
ナナ		

Expression

まず、近くの人にインタビューし、相手の好き嫌いについて「彼は」「彼女は」を主語にして作文してください。書けたら、お互いに添削してください。最後に、クラスで発表しましょう。

	好き	嫌い
飲み物		
食べ物		
放課後		
週　末		

Leçon 5

道案内をしよう

Découverte!

045

A.

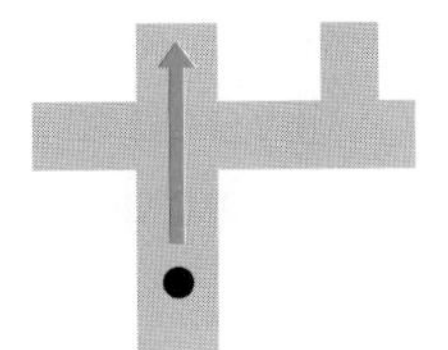

Allez tout droit.

B.

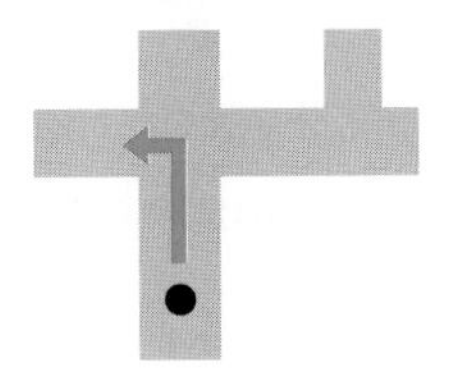

Tournez à gauche.

C.

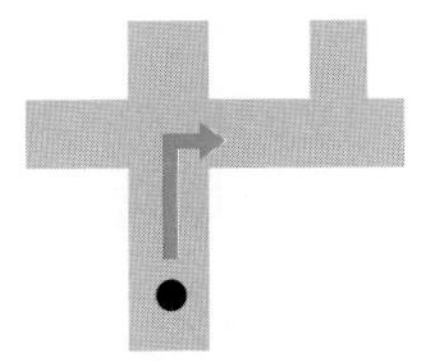

Tournez à droite.

D.

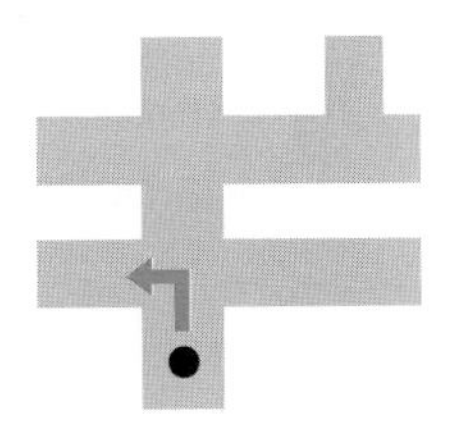

Prenez la première rue à gauche.

E.

Prenez la deuxième rue à droite.

F.

La boulangerie est à votre gauche.

G.

L'université est près de la gare.

H.

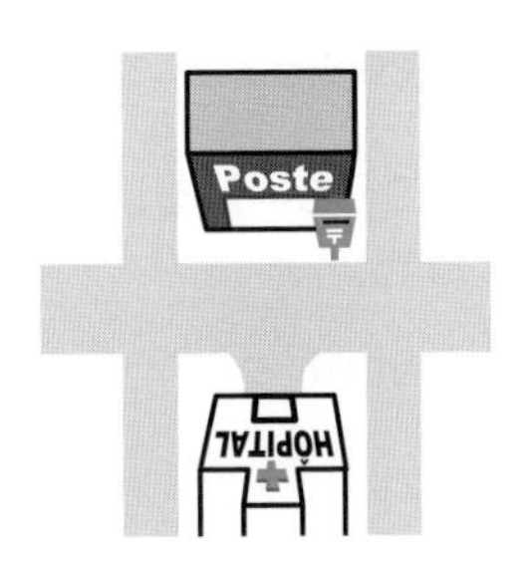

La poste est en face de l'hôpital.

I.

Le musée est entre la banque et le supermarché.

まず自分で考え、そのあと近くの人と話し合いましょう

道案内をするときに使う表現です。それぞれどのような意味でしょう。

Vocabulaire

① 位置関係を示す表現です。それぞれどのような意味か、近くの人と話し合ってみましょう。
② 文中にある un や une などは「不定冠詞」と呼ばれます。いっぽう、le や la などは「定冠詞」と呼ばれます。不定冠詞と定冠詞は、どのように使い分けられているでしょうか。これまでの課も参考にして考えましょう。

1.

Il y a un magicien
sur la table.

2.

Il y a un magicien
sous la table.

3.

Il y a un magicien
à côté de la table.

4.

Il y a une assistante
devant la boîte.

5.

Il y a une assistante
derrière la boîte.

6.

Il y a une assistante
dans la boîte.

Exercices

1. 不定冠詞と定冠詞を表にまとめましょう。

	男性単数	女性単数	複数
不定冠詞	(　　　　)	(　　　　)	des
定冠詞	(　　　　)*	(　　　　)*	les

*母音または無音の h で始まる名詞につく場合は、(　　) という形になります。

2. ……… に上記の不定冠詞、定冠詞のうち、最も適切なものを書きましょう。書けたら、なぜそれを選んだのか近くの人に説明してみましょう。

① Il y a ……… étudiant devant ……… gare.
② Il y a ……… boîtes sur ……… table.
③ ……… poste est entre ……… supermarché et ……… hôpital.
④ J'aime ……… chats, mais je n'aime pas ……… chiens.
⑤ Il porte ……… pantalon bleu. Il a ……… cheveux longs.

3. 前のページと Vocabulaire を参考にフランス語で作文し、近くの人と確認しましょう。

① 銀行は駅と郵便局の間です。 ………
② スーパーマーケットは病院の正面です。 ………
③ テーブルの下に一匹の犬がいます。 ………
④ 大学の裏にひとりの女子学生がいます。 ………

Activités

1. 対話文を読み、近くの人とどのような意味か話し合ってください。次に、全員で音読しましょう。最後に、p. 30の地図を見ながら、下線部を①～④に入れかえて道を尋ねてみましょう。 050

A : Excusez-moi, où est la banque ?

B : La banque ? Allez tout droit et prenez la deuxième rue à gauche.
La banque est à votre droite.

A : Merci beaucoup.

B : Je vous en prie.

① la boulangerie　② le lycée　③ la pharmacie　④ la gare

2. この課で出てきた単語と、巻末の単語リストを参考に、①～④の文の続きを書いてください。⑤は、それ以外にイラストに描かれているものを１つ選んで、その位置を説明してください。準備ができたら、近くの人から添削を受けてください。 051

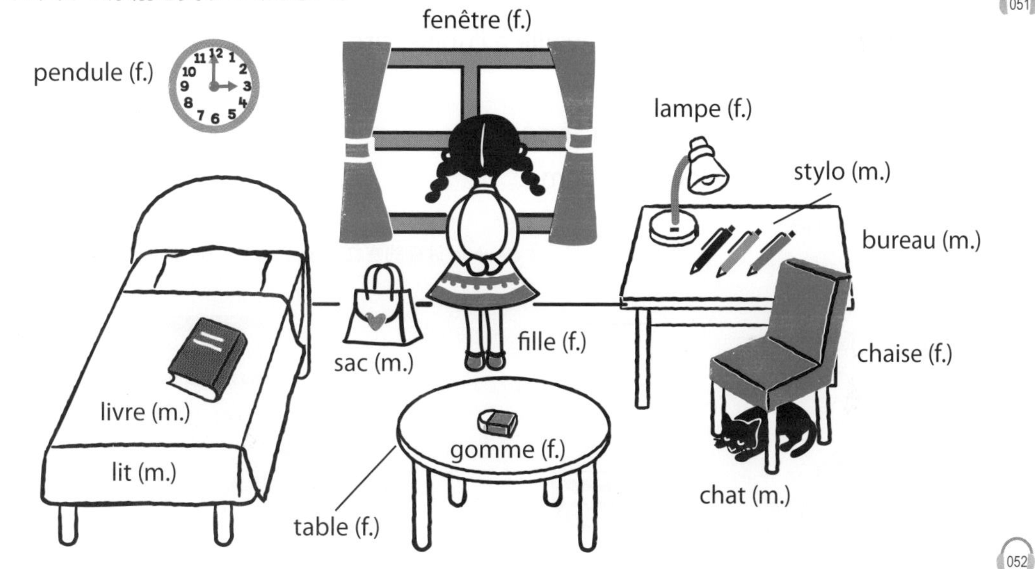

052

① Le chat est ....
② Les stylos sont ....
③ La fille est ....
④ Le sac est ....
⑤ ....

序数 053

1 番目の premier / première	5 番目の cinquième	9 番目の neuvième
2 番目の deuxième	6 番目の sixième	10 番目の dixième
3 番目の troisième	7 番目の septième	11 番目の onzième
4 番目の quatrième	8 番目の huitième	12 番目の douzième

まず、つづりの規則を見つけましょう。次に、近くの人と交互に発音してみましょう。

Dialogue

054

AさんがBさんに道を尋ねています。

① まず音源を聞いて、次の4つの建物がどこにあるか、(1) ～ (7) から選びましょう。

Le supermarché (　)　Le café (　)　La bibliothèque (　)　L'université (　)

② 近くの人と聞きとった内容を確認しましょう。

③ 次に、文章を読んで、わからなかったところを確認しましょう。

④ 最後に、ペアで2人のやりとりを再現してみましょう。

A : Excusez-moi, madame. Je cherche la poste.

B : Allez tout droit et prenez la première rue à droite.

A : Ah ! C'est près du supermarché ?

B : Oui, le supermarché est en face. La poste est entre le café et la bibliothèque.
Vous voyez le café au coin ?

A : Oui, merci. Vous habitez ici ?

B : J'habite derrière la gare et je travaille à l'université près d'ici.

A : C'est où ?

B : L'université se trouve à côté du* lycée.

A : D'accord. Merci beaucoup, madame.

B : Je vous en prie.

* de + le は縮約されて du となります。詳しくは L.10 で学習します。

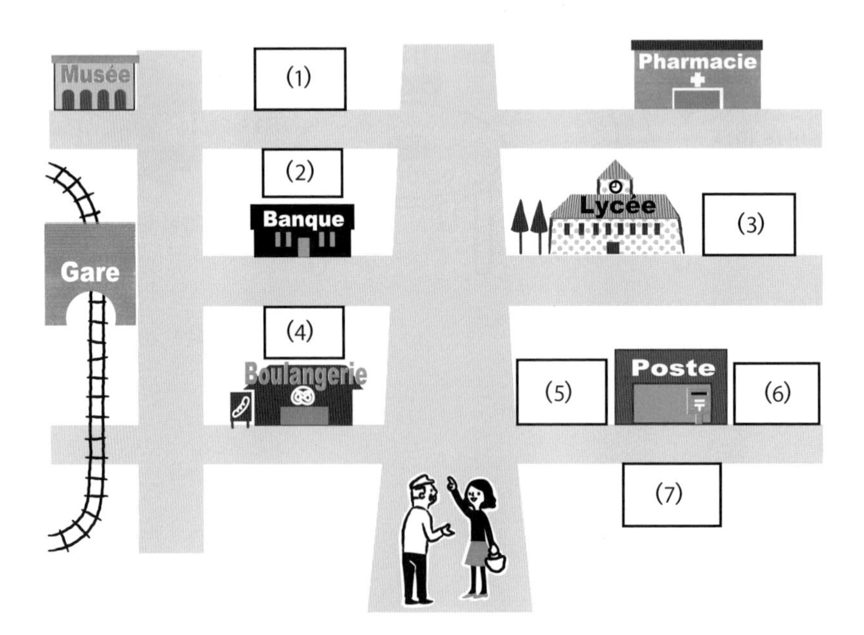

Expression

最寄りの駅またはバス停から自宅までの簡単な地図を描き、道のりを説明する文を4文以上作ってください。最後に、クラスで発表しましょう。

Leçon 6 行動について話そう

Découverte!

055

A.

Je viens de finir mes devoirs.

B.

Elle vient de manger.

C.

Je suis en train d'écrire un roman.

D.

Ils sont en train de travailler pour vous.

E.

Je vais sortir cet après-midi.

F.

Nous allons boire un verre ce soir.

まず自分で考え、そのあと近くの人と話し合いましょう

1. それぞれの文で、主語と、動詞の不定形（辞書に載っている形）とにはさまれた部分に、下線を引きましょう。
2. それぞれの文には、動詞 aller, venir, être のいずれかが含まれています。3 つのグループに分類しましょう。
3. 1 で分類した 3 つのグループは、それぞれ「～したばかりだ」「～しているところだ」「～するつもりだ」のいずれの意味に対応しますか。

Exercices

1. 前のページを参考に、動詞 aller（行く）、venir（来る）の活用表を完成させましょう。 056 057

aller	
je (　　　　)	nous (　　　　)
tu vas	vous allez
il va	ils (　　　　)
elle (　　　　)	elles vont

venir	
je (　　　　)	nous venons
tu viens	vous venez
il (　　　　)	ils viennent
elle (　　　　)	elles (　　　　)

2. ………… に当てはまる単語を書きましょう。書けたら、近くの人と確認しましょう。 058

① Il ………… en train d'écrire une lettre.

② Mes enfants viennent ………… prendre une douche.

③ Ce week-end, je ………… aller à Hokkaido.

④ Vous ………… boire quelque chose ?

⑤ Julie ………… de finir ses études.

⑥ Nous sommes en ………… de travailler ensemble.

3. フランス語で作文し、近くの人と確認しましょう。 059

① 私は小説を読んでいるところです。 …………

② 私の弟は宿題を終えたばかりです。 …………

③ 私たちはテレビを見ているところです。 …………

④ 君は買い物をするつもり？ …………

Vocabulaire

060

日常の行動についての表現です。発音を確認したあと、近くの人と交互に音読しましょう。

acheter des vêtements

étudier

aller chez mes parents

voir des amis

dormir

faire de la natation

Activités

1. まず、①〜⑥を質問と答えの組み合わせになるように3ペアに分けてください。準備ができたら、近くの人と確認しましょう。最後に、近くの人に同じ質問をしてみましょう。 061

① Tu es en train d'étudier le français ?

② Tu vas sortir ce soir ?

③ Non, je viens de finir un cours.

④ Oui, je vais manger dans un restaurant avec des amis.

⑤ Non, je suis en train d'étudier l'allemand.

⑥ Bonjour. Tu viens d'arriver à l'université ?

組み合わせ　（　　-　　）（　　-　　）（　　-　　）

2. 質問文①〜④をつかって、近くの人とやりとりをしましょう。答える際は、Oui / Non だけでなく、できるだけ情報をつけ加えて答えましょう。 062

① Ce soir, vous allez étudier ?

② Demain, vous allez faire du sport ?

③ Ce week-end, vous allez sortir ?

④ Pendant les vacances, vous allez faire un petit boulot ?

3. 質問文を読み、どのような意味か近くの人と話し合ってください。次に、あとに続けたい表現を選び、お互いに尋ね合ってください。 063

Qu'est-ce que tu vas faire —
- après les cours ?
- ce soir ?
- demain ?
- ce week-end ?
- pendant les vacances ?

四則計算 064

+	Trois plus six font neuf. (3 + 6 = 9)
−	Dix moins deux font huit. (10 - 2 = 8)
×	Cinq fois quatre font vingt. (5 × 4 = 20)
÷	Neuf divisé par trois font trois. (9 ÷ 3 = 3)

近くの人に、足し算、引き算、かけ算、わり算を出題してみましょう。

Lecture

モロッコ旅行から帰ってきたエリカが友人のタハールに書いたメールです。内容についての質問に○か×で答えてください。文章からわからない場合は△と書いてください。書けたら、近くの人と内容を確認しましょう。

Cher Tahar,

Comment vas-tu ? Je viens d'arriver au Japon hier soir.
Le voyage au Maroc était magnifique. Tu es un excellent guide.
Je suis en train d'écrire mon journal. Il y a beaucoup de choses à écrire.
Demain, je vais raconter notre voyage à mes amis.
Nous allons manger dans un restaurant marocain.

Qu'est-ce que tu vas faire pendant les vacances d'été ? Tu as déjà des projets ?
Sinon, viens au Japon ! Je vais rester au Japon cet été.
Donc, tu peux dormir chez moi. J'attends ta réponse avec impatience.

Bien à toi,
Erika

066

① Erika vient de finir son journal. (　　)
② Elle va manger dans un restaurant marocain. (　　)
③ Tahar va venir au Japon cet été. (　　)
④ Erika ne va pas partir en voyage cet été. (　　)

Expression

近くの人に、このあとするつもりのこと４つとその順序を尋ね、例文を参考に、順に作文してください。最後に、クラスで発表しましょう。

067

① Elle va aller au club de tennis après les cours.
② ***Puis,*** elle va faire un petit boulot dans un café.
③ ***Ensuite***, elle va rentrer à la maison.
④ ***Enfin***, elle va dîner et regarder la télévision.

① ....
② *Puis,* ....
③ *Ensuite,* ....
④ *Enfin,* ....

Leçon 7

習慣について話そう

Découverte !

A.

Vous vous levez à quelle heure ?
– Je me lève à six heures.

B.

Vous vous couchez à quelle heure ?
– Je me couche à minuit.

C.

Vous arrivez à l'université à quelle heure ?
– J'arrive à neuf heures.

D.

Vous sortez souvent le week-end ?
– En général, je reste à la maison.

E.

Qu'est-ce que vous mangez le matin ?
– Je mange du pain avec de la confiture.

F.

Qu'est-ce que vous buvez le soir ?
– Je prends souvent du thé. De temps en temps, je bois de la bière.

まず自分で考え、そのあと近くの人と話し合いましょう

1. 「何時に」という意味の表現に下線を引きましょう。
2. A～C の答えの文では、それぞれ何時と答えていますか。
3. 動詞をすべて○で囲みましょう。
4. A, B の文には動詞の前に他の文にはない単語があります。この単語がある場合とない場合で、どのような意味の違いがあるか辞書で調べてみましょう。
5. E, F の答えの文の中で、冠詞だと思うところを□で囲みましょう。これらの冠詞は「部分冠詞」と呼ばれます。不定冠詞、定冠詞と比べ、どのような場合に部分冠詞を使うと思いますか。

Exercices

1. 前のページに出てきた se lever（起きる）、se coucher（寝る）など、主語と同じ人や物を示す語をともなう動詞を、「代名動詞」といいます。活用表を完成させましょう。 069 070

se lever	
je (　) (　　)	nous nous levons
tu te lèves	vous (　) (　　)
il se lève	ils (　) (　　)
elle (　) (　　)	elles se lèvent

se coucher	
je (　) (　　)	nous (　) (　　)
tu (　) (　　)	vous (　) (　　)
il (　) (　　)	ils (　) (　　)
elle (　) (　　)	elles (　) (　　)

2. 部分冠詞（du, de la, de l'）、定冠詞（le, la, les, l'）、不定冠詞（un, une, des）のうち最も適切なものを書きましょう。 071

① Ma mère n'aime pas beaucoup .... fromage (m.).

② Je vais manger .... soupe (f.) ce soir.

③ Il y a .... étudiants dans .... classe (f.).

④ Il y a .... eau (f.) dans .... carafe (f.).

＊部分冠詞も否定文の場合は de になります（p. 20参照）。

3. 巻末の活用表も参考に、(　) の動詞を適切な形に活用させましょう。 072

① Mon père .... tard le soir. (rentrer)

② Le week-end, vous .... souvent avec des amis ? (sortir)

③ Qu'est-ce que tu .... après les cours ? (faire)

④ Nous .... bientôt à la gare. (arriver)

⑤ Mes grands-parents .... tôt le matin. (se lever)

⑥ Je .... mon travail vers sept heures. (finir)

Vocabulaire

073

発音を確認したあと、近くの人と交互に音読しましょう。

月曜日	lundi
火曜日	mardi
水曜日	mercredi
木曜日	jeudi
金曜日	vendredi
土曜日	samedi
日曜日	dimanche
週　末	le week-end

いつも	toujours
しばしば	souvent
ときどき	de temps en temps / parfois
一日一回	une fois par jour
週二回	deux fois par semaine
月三回	trois fois par mois
年四回	quatre fois par an
一度も…ない	ne ... jamais

Activités

1. まず、このページの下にある「時刻の言い方」を練習してください。次に、例にならい、近くの人と①〜⑥の時刻についてやりとりしましょう。 074

例） **A** : Quelle heure est-il ?

B : Il est neuf heures cinq.

075

①

②

③

④

⑤

⑥

2. まず、左のページの下にある曜日の言い方を練習してください。次に、例にならい、............に好きな曜日を入れ、①〜⑥の行動について近くの人とやりとりしましょう。 076

例) se lever

A : Le .... , vous vous levez à quelle heure ?

B : Je me lève à sept heures.

① se lever　② partir de la maison　③ arriver à l'université

④ finir les cours　⑤ rentrer à la maison　⑥ se coucher

時刻の言い方

1時	Il est une heure.	1時10分	Il est une heure dix.
2時	Il est deux heures.	1時15分	Il est une heure et quart.
3時	Il est trois heures.	1時20分	Il est une heure vingt.
4時	Il est quatre heures.	1時30分	Il est une heure et demie.
5時	Il est cinq heures.	1時40分	Il est deux heures moins vingt.
6時	Il est six heures.	1時45分	Il est deux heures moins le quart.
7時	Il est sept heures.	1時50分	Il est deux heures moins dix.
8時	Il est huit heures.		
9時	Il est neuf heures.		
10時	Il est dix heures.		
11時	Il est onze heures.		
正午	Il est midi.		
真夜中	Il est minuit.		

リエゾンやアンシェヌマンに注意して発音してみましょう。次に、現在の時刻を近くの人に伝えましょう。

Lecture

チサが日常生活をつづった文章です。①～⑤の内容が正しいかどうか、○か×で答えてください。書けたら、近くの人と内容を確認しましょう。

Je m'appelle Chisa. Je suis étudiante en chimie. J'ai six cours de langues étrangères : quatre cours d'anglais et deux cours de français. Après les cours, je vais au club de tennis de temps en temps. Je rentre tard le soir. Je me couche toujours à onze heures. Le mercredi, je n'ai pas de cours. Donc, je travaille dans un restaurant. En général, je me lève à sept heures et je pars de la maison vers sept heures et demie. Le week-end, je sors parfois avec mes amis. Nous allons à des concerts deux ou trois fois par an.

079

① Chisa a six cours de français. (　　)
② Elle n'aime pas le sport. (　　)
③ Elle dort huit heures par jour. (　　)
④ Elle ne fait pas de petit boulot. (　　)
⑤ Elle va à des concerts de temps en temps avec ses amis. (　　)

Expression

近くの人にインタビューし、その人の習慣について「彼は」「彼女は」を主語にして作文してください。最後に、クラスで発表しましょう。

起きる時間	
朝食べるもの、飲むもの	
家を出る時間	
大学に着く時間	
授業後にすること	
帰宅する時間	
寝る時間	
週末にすること	

Leçon 8

過去の経験を伝えよう

Découverte !

080

A.

J'ai travaillé toute la journée.

B.

Je suis allé à l'université.

C.

J'ai dormi jusqu'à neuf heures.

D.

Je suis rentrée tard.

E.

Je n'ai pas fini mes devoirs.

F.

Je ne suis pas sortie.

まず自分で考え、そのあと近くの人と話し合いましょう

1. A, C, E に共通する語、B, D, F に共通する語は何ですか。
2. それぞれの文で、過去の行動を表わす表現にあたる 2 つの動詞に下線を引いてください。
3. D, F は 2 つめの動詞の最後に e がついています。なぜだと思いますか。
4. 否定文はどれですか。否定文をつくるときにはどのような規則があると思いますか。

Exercices

1. ①〜⑧は前のページで下線を引いたうちの2つ目の単語に当たるもので、「過去分詞」と呼びます。それぞれ、右のリストのどの動詞の過去分詞でしょう。当てはまるものを選んだのち、何か規則性があるか、近くの人と話し合ってみましょう。 081

① aimé ( )
② parti ( )
③ été ( )
④ arrivé ( )
⑤ venu ( )
⑥ eu ( )
⑦ fait ( )
⑧ pris ( )

venir	prendre
avoir	faire
arriver	partir
être	aimer

2. 前のページのように「〜した」と過去の行為や出来事を表す形を、「複合過去」と呼びます。現在の文を複合過去の文に書き換えましょう。書けたら近くの人と確認しましょう。 082

① Je fais du foot. →
② Je pars à midi. →
③ Il mange du riz. →
④ Elle rentre tôt. →
⑤ Vous allez au Québec ? →
⑥ Elles prennent une photo. →

複合過去の文をつくるとき、ほとんどの動詞は〈avoir の現在形＋過去分詞〉の形をとりますが、下記のように移動や状態の変化を表す一部の自動詞は〈être の現在形＋過去分詞〉の形をとります。この場合は、主語と過去分詞の性数を一致させます。

venir（来る） aller（行く） arriver（到着する） partir（出発する） entrer（入る）
sortir（出る） rester（とどまる） tomber（落ちる） rentrer（帰る） revenir（戻る）
monter（のぼる） descendre（おりる） naître（生まれる） mourir（死ぬ）

3. 複合過去の文を、否定文にしましょう。書けたら近くの人と確認しましょう。 083

① Je suis venu à l'université hier. →
② J'ai eu beaucoup de travail. →
③ Tu as fait du ski cet hiver ? →
④ Nous sommes sortis ensemble. →

Vocabulaire

A〜D がそれぞれ何を表しているか近くの人と話し合ったあと、巻末の単語リストで確認しましょう。
発音を確認したあと、今日の日付と自分の誕生日を近くの人にフランス語で伝えましょう。 084

A	printemps　été　automne　hiver
B	janvier　février　mars　avril　mai　juin juillet　août　septembre　octobre　novembre　décembre
C	le 1er mai　le 14 juillet　le 25 décembre　le jour de l'an
D	avant-hier　hier　aujourd'hui　demain　après-demain

Activités

1. A と B に分かれ、それぞれの質問文をもとに近くの人とやりとりをしましょう。 085

A.

① Hier, tu as regardé la télé ?

② Ce matin, tu es parti(e) de la maison à quelle heure ?

③ Tu as déjà visité un pays étranger ?

④ Qu'est-ce que tu as mangé ce matin ?

B.

① Hier, tu as écouté de la musique ?

② Hier soir, tu es rentré(e) à la maison à quelle heure ?

③ Tu es déjà allé(e) dans un pays francophone ?

④ Qu'est-ce que tu as bu hier soir ?

2. イラストの人物になったつもりで、近くの人と交互に①の質問に答えましょう。次に、主語を Il / Elle にして②の質問に答えましょう。 086

① Qu'est-ce que tu as fait hier ?

② Qu'est-ce qu'il / elle a fait hier ?

3. ①、②の質問文からどちらかひとつを選び、近くの人にインタビューをしましょう。準備ができたら、その内容を 1 分間で他のメンバーに発表しましょう。 087

① Qu'est-ce que tu as fait ce week-end ?

② Qu'est-ce que tu as fait pendant les vacances ?

値段の尋ね方・答え方 088

C'est combien ?			
C'est un euro.	C'est six euros.	C'est onze euros.	C'est seize euros.
C'est deux euros.	C'est sept euros.	C'est douze euros.	C'est dix-sept euros.
C'est trois euros.	C'est huit euros.	C'est treize euros.	C'est dix-huit euros.
C'est quatre euros.	C'est neuf euros.	C'est quatorze euros.	C'est dix-neuf euros.
C'est cinq euros.	C'est dix euros.	C'est quinze euros.	C'est vingt euros.

リエゾンやアンシェヌマンに注意して、近くの人と交互に読んでみましょう。

Dialogue

ユキとミカエルが休暇中にしたことについて話しています。近くの人と分担して、ユキがしたこと、ミカエルがしたことをそれぞれ読みとってください。準備ができたら、ふたりの会話を日本語で再現してみましょう。その後、表現リストも参考にしながら、会話文を自分たちのことにおきかえてやりとりしてみましょう。

Yuki : Michaël, qu'est-ce que tu as fait pendant les vacances ?

Michaël : Je suis allé en Nouvelle-Calédonie avec mes parents.

Yuki : C'est génial ! Moi aussi, je voudrais aller à Nouméa un jour. Qu'est-ce que tu as fait là-bas ?

Michaël : Tous les jours, j'ai nagé dans la mer et j'ai goûté la cuisine locale. Et toi ?

Yuki : Moi, je suis allée à Osaka et j'ai visité le château d'Osaka pour la première fois.

Michaël : Tu es aussi allée au musée à côté ?

Yuki : Oui, j'ai vu une exposition sur l'histoire d'Osaka.

090

voyager en Europe（ヨーロッパを旅行する）
rencontrer un beau garçon（かっこいい男の子と出会う）
aller à Hokkaido avec le club de baseball（野球クラブで北海道に行く）
passer huit jours chez mes grands-parents（祖父母の家で一週間過ごす）
gagner beaucoup d'argent（たくさんお金を稼ぐ）
travailler au supermarché（スーパーマーケットで働く）
faire la cuisine avec des amis（友だちと料理をする）
regarder des vidéos sur internet（インターネットで動画を見る）
tomber malade（病気になる）
ne rien faire de particulier（特別なことはしない）

Expression

次の授業まで、複合過去の文を使って毎日1文以上の日記をつけてみましょう。

例）Mercredi, j'ai fait du shopping avec des amis.

Leçon 9

過去の自分について語ろう

Découverte!

091

A.

Quand j'étais petite, je voulais être journaliste.

B.

En 2015, j'avais 20 ans et j'habitais à Genève.

C.

Quand il était lycéen, il aimait jouer de la guitare.

D.

Quand elle était étudiante, elle allait souvent au théâtre.

E.

Quand le téléphone a sonné, je prenais une douche.

F.

La semaine dernière, nous sommes allées manger un couscous. C'était délicieux.

まず自分で考え、そのあと近くの人と話し合いましょう

1. それぞれの文で、動詞だと思う部分すべてに下線を引いてください。
2. 上記１のうち、前の課で学んだ「複合過去」の表現を□で囲みましょう。
3. 上記１のうち、-ais や -ait という形で終わっている動詞を○で囲みましょう。
4. 上記３の動詞を、「半過去」と呼びます。複合過去と半過去にはどのような違いがあるか考えましょう。

Exercices

1. 前のページで見たような「～だった／～していた（ものだ）」と過去の状態や習慣を表す形を「半過去」と呼びます。活用表を完成させましょう。 092 093

être	
j'（　　　　）	nous étions
tu étais	vous étiez
il （　　　　）	ils étaient
elle （　　　　）	elles （　　　　）

avoir	
j'（　　　　）	nous avions
tu avais	vous（　　　　）
il （　　　　）	ils （　　　　）
elle （　　　　）	elles avaient

2. 現在の文を半過去の文に書きかえましょう。書けたら近くの人と確認しましょう。 094

① Vous avez quel âge ? → ....

② Tu es étudiante ? → ....

③ Ils travaillent au Japon. → ....

④ Nous habitons ensemble. → ....

3. （　　　）の中の動詞を、複合過去あるいは半過去のいずれか適切な形に書きかえましょう。書けたら近くの人と確認しましょう。 095

① Quand elle .... 6 ans, elle .... avec ses parents. (avoir / dormir)

② L'année dernière, je .... à Yokohama et j' .... le quartier chinois. C' .... amusant. (aller / visiter / être)

③ Quand il .... chez nous, nous .... le petit-déjeuner. (venir / prendre)

④ Il y a trois mois, j' .... un emploi. Avant, je n' .... pas de travail. (trouver / avoir)

Vocabulaire

096

発音を確認したあと、昨日の自分について近くの人に話しましょう。

C'était amusant.	それは面白かった。	C'était difficile.	それは難しかった。
C'était intéressant.	それは興味深かった。	C'était dur.	それはつらかった。
J'étais content(e).	私は満足だった。	J'étais inquiet [inquiète].	私は心配だった。
J'étais triste.	私は悲しかった。	J'étais en colère.	私は怒っていた。
J'avais mal au ventre.	私はお腹が痛かった。	J'avais de la fièvre.	私は熱があった。
J'étais fatigué(e).	私は疲れていた。	J'étais en forme.	私は元気だった。

Activités

1. 例文を近くの人と交互に読んでください。次に、下線部の年号をかえて、やりとりしましょう。 097

例） **A** : En <u>2010</u>, vous aviez quel âge ?

B : J'avais 10 ans.

A : Et vous habitiez où ?

B : J'habitais à Yokohama.

2. 例文を読み、どのような内容か、近くの人と話し合ってください。次に、小さい頃、中学生の頃、高校生の頃についてやりとりしましょう。 098

例）

A : Quand vous étiez [petit(e), / collégien(ne), / lycéen(ne),] qu'est-ce que vous aimiez faire ?

B : J'aimais jouer à des jeux vidéo.

A : Vous étiez comment ?

B : J'étais timide et calme.

3. 例文を読み、どのような内容か、近くの人と話し合ってください。次に、下線部の街の名前をかえてやりとりしましょう。 099

例） **A** : Tu es déjà allé(e) à <u>Kyoto</u> ?

B : Oui. Je suis allé(e) à Kyoto quand j'avais 15 ans.

A : C'était comment ?

B : C'était très beau.

4. 下記の質問について近くの人にインタビューし、結果を書きましょう。 100

① Qu'est-ce qu'il [elle] faisait avec sa famille quand il [elle] était petit(e) ?

....

② Où habitait-il [elle] quand il [elle] avait 14 ans ?

....

③ Il [Elle] était comment quand il [elle] était au lycée ?

....

④ Il [Elle] a déjà voyagé dans un pays étranger ? C'était comment ?

....

単位 101

centimètre	(　　　)	mètre	メートル	kilomètre	(　　　)
gramme	(　　　)	kilogramme	(　　　)	degré	度
litre	(　　　)	centilitre	センチリットル	pour cent	(　　　)

(　　)の中に当てはまる単位を日本語で書きましょう。次に単位と数字を組み合わせ、身のまわりにある物の長さや重さ、量などを表現してみましょう。

Lecture

大学生のミキが自分のことについて語っています。まずひとりで文章を読み、内容を想像しましょう。次に、以下の問題に取り組んでください。

Je m'appelle Miki. J'habite à Tokyo depuis 7 mois. Avant, j'habitais à Nagano avec mes parents. En mars, j'ai réussi au concours d'entrée à l'université et j'ai déménagé à Tokyo.

Au début, j'étais très triste parce que je vivais seule pour la première fois et je n'avais pas d'amis à Tokyo. Mais, j'ai rencontré beaucoup de gens à la fac. Maintenant, je suis contente.

Chaque jour, je suis très occupée. Après les cours, je vais au club de badminton. Et puis, je travaille dans un bar. Quand je suis rentrée hier soir, il était deux heures. J'étais très fatiguée.

Avant, j'étudiais beaucoup pour entrer à l'université. Mais maintenant, je ne suis plus sérieuse. Dois-je changer ma vie d'étudiante ?

① 複合過去の表現を□、半過去の動詞を○で囲んでください。

② 近くの人と、一文ずつ交互に訳しながら、複合過去と半過去がそれぞれどのように使い分けられているか、話し合ってください。

Expression

次の授業までのあいだに、それぞれのテーマについて複合過去と半過去を使って日記をつけてください。

例）Le 5 juillet : J'ai mangé des nouilles sautées. Mais ce n'était pas très bon.

食べたもの

出かけた場所

買ったもの

週末にしたこと

インターネットを使おう

Découverte !

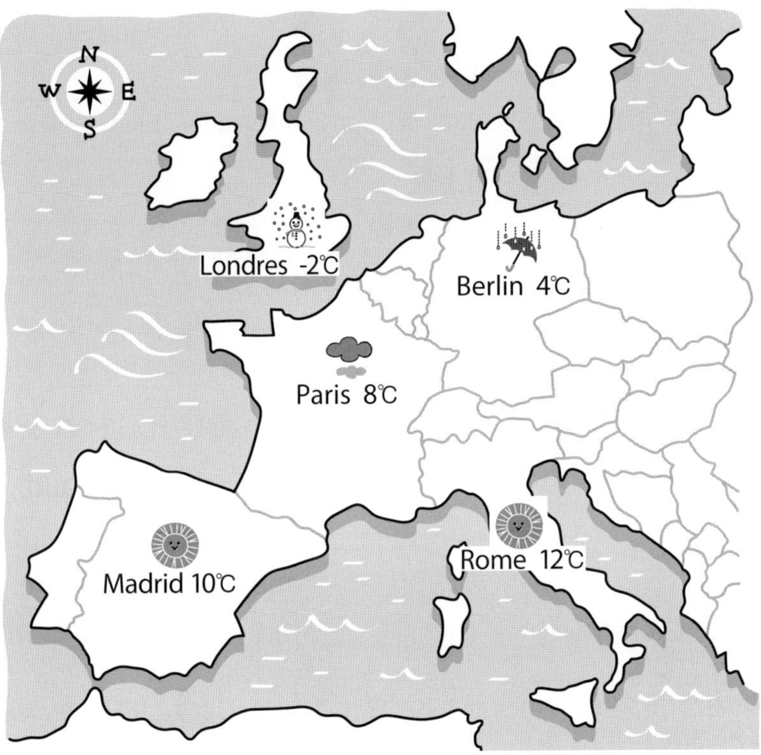

A. Quel temps fait-il à Berlin ?
– Il pleut et il fait plus froid qu'à Paris.

B. Quel temps fait-il à Madrid ?
– Il fait beau et il fait moins froid qu'à Paris.

C. Dans quelle ville fait-il le plus froid ?
– Il fait le plus froid à Londres.

D. Dans quelle ville fait-il le moins froid ?
– Il fait le moins froid à Rome.

まず自分で考え、そのあと近くの人と話し合いましょう

1.「どんな天気ですか？」と天候を尋ねる文はどれですか。
2.「晴れです」「雨が降っています」という表現に下線を引きましょう。
3.「寒い」という単語が何度も出てきます。○で囲みましょう。
4. A～Dの文はそれぞれ、比較級を用いた文だと思いますか。それとも最上級を用いた文だと思いますか。

Exercices

1. 下記の表は比較級と最上級についてまとめたものです。前のページを参考に、(　　) にあてはまる単語を書きましょう。

比較級		
より (〜だ)	(　　　　) ＋形容詞、副詞*	que 〜
同じくらい (〜だ)	aussi　＋形容詞、副詞	
より (〜でない)	(　　　　) ＋形容詞、副詞	

＊一部の形容詞、副詞は特殊な形に変化します。例）bon → meilleur(e)　bien → mieux

最上級		
形容詞（男性単数）	(　　　　) ＋比較級	de 〜
形容詞（女性単数）	la　＋比較級	
形容詞（複数）	les　＋比較級	
副詞	le　＋比較級	

2. (　　) の語を比較級または最上級にして文を完成させましょう。書けたら、近くの人と確認しましょう。 104

① Il fait .... en Algérie qu'en Finlande. (chaud)

② La Belgique est .... que la France. (petit)

③ L'Everest est .... montagne (f.) du monde. (haut)

④ Le Shinkansen est le train .... du Japon. (rapide)

3. 前置詞 à や de のあとに定冠詞 le や les が来ると「縮約形」になります。下線部がどの単語とどの単語の縮約形か考えてみましょう。 105

① Il pleut plus en Angleterre qu'au Maroc. → (　　　＋　　　)

② Le Mississippi est le plus long fleuve des États-Unis. → (　　　＋　　　)

③ La banque est à côté du musée. → (　　　＋　　　)

④ Mon mari est né aux Pays-Bas. → (　　　＋　　　)

Vocabulaire

106

すべてパソコンを操作する際の指示文です。どのような作業をすればよいか、選択肢から選びましょう。

Cliquez.	(　　　　)	Sauvegardez.	(　　　　)
Fermez.	(　　　　)	Recherchez.	(　　　　)
Ajoutez.	(　　　　)	Coupez.	(　　　　)
Copiez.	(　　　　)	Collez.	(　　　　)
Ouvrez.	(　　　　)	Tapez.	(　　　　)
Imprimez.	(　　　　)	Téléchargez.	(　　　　)

保存　印刷　クリック
コピー　切り取り
ダウンロード　ペースト
入力　検索
開く　閉じる　追加

Activités

1. 下記の表は、インターネットで 3 つの国について検索し、それぞれの情報をまとめたものです。例を参考に、近くの人に質問してみましょう。

例）① La population est-elle plus grande au Brésil qu'à Singapour ?

② La superficie est-elle aussi grande en Espagne qu'au Brésil ?

	Espagne	Brésil	Singapour
population (environ)	46 millions	200 millions	5.5 millions
superficie (environ)	500 mille km^2	8.5 millions km^2	700 km^2

2. まず、イラストを見ながら天候の表現を練習してください。次に、①〜③にならい、近くの人とやりとりしましょう。

Il fait chaud.

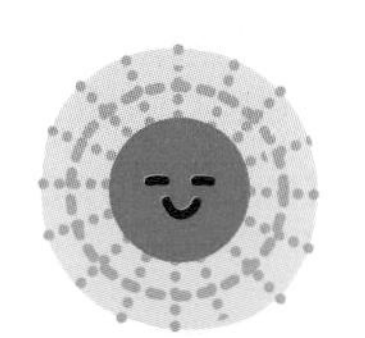

Il fait doux.

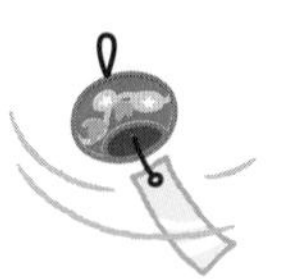

Il fait frais.

Il fait froid.

Il fait beau.

Il pleut.

Il neige.

Il fait mauvais.

Il y a des nuages.

Il y a du vent.

Il fait 15 degrés.

Il fait moins 5 degrés.

① Quel temps fait-il aujourd'hui ?

– Il fait très chaud.

② Quel temps faisait-il hier ?

– Il faisait un peu froid.

③ p. 47を見ながら下線部をかえてやりとりしてください。

Quel temps fait-il <u>à Londres</u> ?

– Il neige et il fait moins deux degrés.

Lecture

インターネットで調べた各国の情報をまとめたものです。①〜④の内容が正しいかどうか、○か×で答えてください。書けたら、近くの人と確認しましょう。

La Belgique 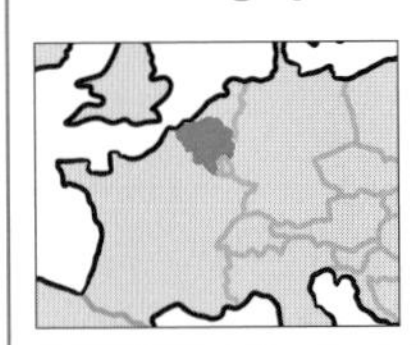	La superficie de la Belgique est de 30 528 km^2 avec une population de 11 millions d'habitants. Il y a trois langues officielles : le néerlandais, le français et l'allemand.
La France 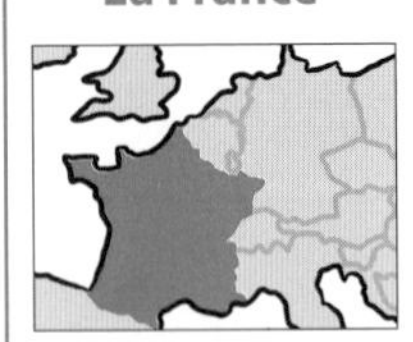	C'est un pays d'environ 67 millions habitants. La superficie du territoire est de 672 369 km^2 en métropole. Il n'y a qu'une langue officielle, le français, mais il y a plusieurs langues régionales comme l'alsacien, le corse, le basque ou l'occitan.
Le Japon 	La superficie du Japon est d'environ 377 915 km^2, il est formé de cinq îles principales et de beaucoup de petites îles avec une population d'environ 127 millions d'habitants. La plupart parlent le japonais.
Le Luxembourg 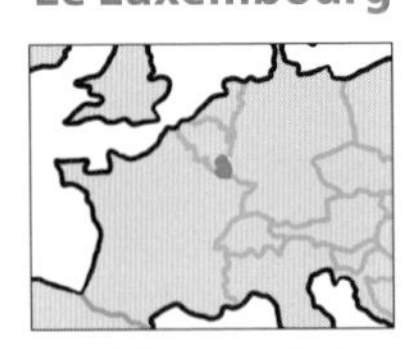	Il compte à peu près 590 mille habitants et s'étend sur une surperficie de 2 586 km^2. C'est un pays trilingue : l'allemand, le français et le luxembourgeois. Et le portugais se parle beaucoup.

111

① La superficie de la Belgique est la plus grande. (　　)
② La France est la moins peuplée. (　　)
③ La France est trois fois plus grande que le Japon. (　　)
④ Le Luxembourg a moins de langues officielles que la Belgique. (　　)

Expression

112

自分が行ってみたいフランス語圏の国・地域を１つ選び、下記の５つの情報についてインターネットで調べ、発表しましょう。

① la capitale ……………………
② la superficie ……………………
③ la population ……………………
④ la [les] langue(s) officielle(s) ……………………
⑤ le chef de l'État ……………………

Leçon 11

未来について語ろう

Découverte !

113

A.

Vous partez en vacances cette année ?
– Oui, j'***irai*** en Espagne avec ma mère. Nous ***mangerons*** bien.

B.

Qu'est-ce que vous voulez faire plus tard ?
– Je voudrais faire un tour du monde. Il faut d'abord gagner beaucoup d'argent.

C.

Qu'est-ce que tu comptes faire ce printemps ?
– Je ***fréquenterai*** un club de gym. J'aimerais être plus sportif.

D.

Qu'est-ce que vous allez faire après vos études ?
– Je ***travaillerai*** comme professeur de français. Je ***ferai*** d'abord un stage linguistique dans un pays francophone.

まず自分で考え、そのあと近くの人と話し合いましょう

1. 太字になっている単語は、どのような時制か考えましょう。
2. J'aimerais, Je voudrais（〜したいものです）という表現を○で囲みましょう。
3. 名詞の前にあり、「この」という意味を表している単語に下線を引きましょう。

Exercices

1. 前のページで太字になっている動詞の形を「単純未来」（未来の事柄や話者の意志などを表す）と呼びます。活用表を完成させましょう。 114

単純未来	
je (　　　　　)	nous (　　　　　)
tu travailleras	vous travaillerez
il travaillera	ils (　　　　　)
elle (　　　　　)	elles travailleront

単純未来は、多くの動詞で〈不定形 + avoir の活用形または活用語尾〉という形をとりますが、特殊な語幹をとる不規則動詞もあります。

2. (　　) の中の動詞を、単純未来の形に書きかえましょう。書けたら近くの人と確認しましょう。 115

① Aujourd'hui, nous .... toute la soirée. (danser)
② Je .... en vacances avec mon mari. (partir)
③ Les magasins .... fermés à vingt heures. (être)
④ Tu .... beaucoup de copains à l'école primaire. (avoir)

3. 「この」「その」「あの」と名詞の前について何かを指し示す形容詞を「指示形容詞」と呼びます。前のページを参考に、表を完成させましょう。 116

後ろにくる名詞	男性単数	女性単数	複数
指示形容詞	(　　　　)*	(　　　　)	ces

＊母音や無音の h で始まる男性名詞の前では cet になります。

4. 最も適切な指示形容詞を書きましょう。書けたら、近くの人と確認しましょう。 117

① .... étudiant travaillera très sérieusement.
② Nous enverrons .... chaises aux États-Unis.
③ J'aimerais dîner dans .... restaurant.
④ Je voudrais faire mes études dans .... université.

Vocabulaire

用例を辞書で調べたあと、あとに続けて作文してみましょう。 118

Je dois...	私は…しなければならない	Je peux...	私は…できる
Je veux...	私は…したい / …が欲しい	Il vaut mieux...	…したほうがよい
Il faut...	…しなければならない	Il ne faut pas...	…してはならない

Activités

1. 近くの人と例文にならって下線部を入れかえ、やりとりしましょう。 119

例） **A** : Dans <u>5</u> ans, vous aurez quel âge ?

B : En <u>2018</u>, j'aurai <u>24</u> ans.

2. 下記の表現のいずれかを用い、近くの人に今後の予定について質問してみましょう。 120

Qu'est-ce que vous comptez faire — cette année ? / cet hiver ? / ce printemps ?

3. あなたの将来についての質問です。まず、自分の答えを書いてください。次に、近くの人とやりとりしてみましょう。 121

① Vous voyagerez à l'étranger ?

....

....

② Vous achèterez une maison ?

....

....

③ Vous vous marierez ?

....

....

④ Vous aurez des enfants ?

....

....

4. 例にならい、卒業後の予定とその理由について近くの人とやりとりし、相手の答えを Il/Elle を主語にしてまとめましょう。 122

例） **A** : Qu'est-ce que vous allez faire après vos études ?

B : Je voudrais devenir professeur d'anglais. Parce que j'aime enseigner. Et vous ?

A : Moi, j'aimerais travailler dans une entreprise de bière.

B : Ah bon ? Pourquoi ?

A : Parce que je m'intéresse à la bière belge.

卒業後の予定 ....

その理由 ....

まず対話文を読み、単純未来が用いられている動詞を○で囲んでください。準備ができたら、なぜその形が用いられているかを近くの人と話し合いましょう。最後に、対話文の内容を表にまとめてください。

A : Bonjour. Je voudrais un billet Thalys pour Bruxelles, s'il vous plaît.
B : Vous partez aujourd'hui ?
A : Non, je partirai dimanche prochain, le 16 août. Et j'aimerais arriver vers 13 heures.
B : Pour arriver vers 13 heures, vous avez le train qui partira à 10 heures 43.
Vous arriverez à 13 heures 08.
A : Ça sera parfait !
B : Vous êtes combien ?
A : Nous sommes trois. Ça fait combien ?
B : Vous avez moins de 25 ans ?
A : Oui, nous avons 20 ans.
B : Alors, il y a une réduction de 30 pour cent. C'est 90 euros. Ça sera tout ?
A : Euh, je voudrais aussi acheter des tickets pour le métro de Bruxelles.
B : Désolé, on ne vend pas de tickets ici.
A : D'accord. Merci beaucoup.

Provenance	Paris	Destination	( )
Départ	le ( ) / 08 à ( ) heures ( ) de Paris Nord		
Arrivé	à ( ) heures ( ) à Bruxelles Midi		
Nombre de passagers	( )		
Tarif	( ) euros avec une réduction de ( ) %		

次の授業までに家族や友人のひとりにインタビューし、卒業後の予定とその理由について作文してください。

Nom et prénom	
Projet après ses études	
Pourquoi ?	

Leçon 12

インタビューをしよう

Découverte !

① Pourrais-tu ***me*** raconter le voyage le plus impressionnant de ta vie ? C'est où ?
– C'est sûrement l'Égypte.

② C'est magnifique ! Tu es partie quand ?
– En décembre 2014, quand j'étais étudiante à l'Université Paris Ⅲ.

③ Pourquoi as-tu choisi l'hiver ?
– Parce que c'était moins cher.

④ Tu es partie avec qui ?
– Je suis partie avec ma meilleure amie. Je ***l'***ai rencontrée à la fac.

⑤ Comment êtes-vous parties en Égypte et combien de temps êtes-vous restées ?
– Nous sommes arrivées au Caire en avion, ensuite, nous avons pris un bateau. Nous sommes restées huit jours.

⑥ Qu'est-ce que vous avez fait en Égypte ?
– Nous avons visité des pyramides et nous avons fait une croisière sur le Nil. C'était vraiment beau.

⑦ Depuis quand voulais-tu visiter ce pays ?
– Je voulais ***le*** visiter depuis mon enfance. J'étais donc très contente.

⑧ Je ***te*** remercie pour ton témoignage !
– De rien.

まず自分で考え、そのあと近くの人と話し合いましょう

1. それぞれの答えの文を読み、何を質問されているか予想しましょう。
2. 「どこ」「いつ」「なぜ」「誰と」「どのように」「どのくらいの間」「何を」「いつから」に当たる表現を○で囲みましょう。
3. 太字になっている単語は、それぞれ文中のどの語句を置きかえていると思いますか。前後の文から予想しましょう。

1. 最も適切な疑問詞を選択肢から選びましょう。 125

① Il y a .... d'étudiants étrangers dans votre université ? – Il y en a 4 000.

② .... sais-je ? – Vous ne savez rien.

③ .... étudiez-vous la langue française ?

– Parce que j'aimerais enseigner le français.

④ .... est ta chambre ? – Elle n'est pas mal.

⑤ Depuis .... votre tante habite en Italie ?

– Elle habite à Venise depuis 1980.

⑥ Vous partez en voyage avec .... ? – Avec mes parents.

⑦ .... est-ce que tu comptes continuer tes études ? – Au Canada.

quand　où　pourquoi　combien　comment　qui　que

2. 動詞と結びつく際に、前置詞を必要としない目的語（主に「〜を」と訳される）を「直接目的語」、前置詞 à を必要とする目的語（主に「〜に」と訳される）を「間接目的語」と呼びます。それらは、下記のような補語人称代名詞に置きかえることができます。前のページも参考に、表を完成させましょう。 126

主語	je	tu	il	elle	nous	vous	ils	elles
直接目的語	me	(　　)	le	la	nous	(　　)	les	
間接目的語	(　　)	te	lui		(　　)	vous	leur	

＊ me, te, le, la は母音または無音の h で始まる名詞の前ではそれぞれ m', t', l', l' となります。

3. 下線部の言葉を置きかえるのに最も適切な直接目的補語人称代名詞を書きましょう。 127

① Il pourra me présenter Lucie ? – Oui, il va vous .... présenter ce soir.

② Où est-ce que vous avez acheté ces vêtements ?

– Je .... ai achetés à Shibuya.

③ Qui vous a écrit cette lettre ? – Françoise me .... a écrite.

＊直接目的補語が動詞の前に来る場合、avoir をとる複合過去形の過去分詞を性数一致させます。

4. 下線部の言葉を置きかえるのに最も適切な間接目的補語人称代名詞を書きましょう。 128

① Qu'est-ce qu'on offre à Michel ? – On .... offre une BD.

② Tu as passé ce message à tes parents ? – Oui, je .... ai bien dit.

③ C'est Fernand qui t'a prêté ce livre ? – Non, c'est Anne qui .... l'a prêté.

Activités

1. 下記の質問文をもとに、近くの人にこれまで最も印象深かった旅行についてのインタビューをしましょう。

129

① Le voyage le plus impressionnant de votre vie, c'est où ?

② Vous êtes parti(e) quand ?

③ Pourquoi avez-vous choisi cette destination ?

④ Vous êtes parti(e) avec qui ?

⑤ Comment êtes-vous parti(e)(s) ?

⑥ Combien de temps êtes-vous resté(e)(s) ?

⑦ Qu'est-ce que vous avez fait ?

2. まず、インタビューのテーマを A ～ D からひとつ選んでください。次に、下記の疑問詞を使って、近くの人への質問文を6つつくりましょう。(　　) には、尋ねる順番を書いてください。書けたら、近くの人から添削を受けてください。

130

A : ma vie universitaire	**B** : moi et le français
C : mon enfance	**D** : mon / ma meilleur(e) ami(e)

(　　) Comment .... ?

(　　) Pourquoi .... ?

(　　) Quand / Depuis quand .... ?

(　　) Qu'est-ce que .... ?

(　　) Qui / Avec qui .... ?

(　　) Où .... ?

3. 2 でつくった 6 つの質問文をもとに近くの人にインタビューをし、その内容をクラスで発表しましょう。

Vocabulaire

131

交通手段についての表現です。発音を確認したあと、近くの人と交互に音読しましょう。

en train

en bus

en voiture

en moto
à moto

en vélo
à vélo

à pied

Lecture

イスマエルが祖父について発表しています。文章を読み、その内容に関する質問に答えてください。

Je m'appelle Ismaël, étudiant en première année à l'Université libre de Bruxelles. Je voudrais vous parler de mon grand-père. Il a 68 ans et il est retraité. Il est né en 1950 dans un village du sud du Maroc. Quand il avait 18 ans, il a décidé de quitter son pays pour trouver un emploi en Belgique. En 1968, il est arrivé à Bruxelles. [ ], il a reçu une formation professionnelle parce qu'il voulait être ingénieur électricien. [ ] il n'a pas pu trouver de boulot à cause de la crise économique. Ensuite, il a commencé à travailler sur un chantier de construction. Le travail était dur [ ] il rêvait toujours de retourner au Maroc. En 1976, il s'est marié avec ma grand-mère et mon père est né. [ ], il a décidé de s'installer en Europe. Il se sent cosmopolite. Il est bien en Belgique, mais il pourrait s'adapter ailleurs. Merci de votre attention.

① イスマエルの祖父が体験した順になるよう、( ) に数字を書きましょう。

( ) エンジニアになるための職業訓練を受けた。
( ) ヨーロッパに定住することを決めた。
( ) モロッコ南部の村に生まれた。
( ) 建設現場で働き始めた。
( ) 仕事を見つけるために、出身国を離れることにした。

② [ ] に入る最も適切な語を選んで書きましょう。

d'abord	enfin	et	mais

Expression

身近な人にこれまでの人生についてインタビューをし、聞き取った内容をクラスで発表してください。発表の冒頭には、自己紹介と相手の紹介も入れてください。発表を始める際、終わる際の言い方については、Lecture を参考にしましょう。

覚えた単語に✓を入れましょう！ 名詞の場合は、冠詞もセットで覚えましょう！

位置（localisation） 133

- ☐ à côté de ～の横に、そばに
- ☐ à droite 右に
- ☐ à gauche 左に
- ☐ au coin 角に
- ☐ chez ～の家で、店で
- ☐ dans ～の中に
- ☐ derrière ～の後ろに
- ☐ devant ～の前に
- ☐ en face de ～の正面に
- ☐ entre A et B AとBのあいだに
- ☐ parmi （3つ以上のものの）あいだに
- ☐ près de ～の近くに
- ☐ sous ～の下に
- ☐ sur ～の上に
- ☐ tout droit まっすぐ

色（couleur） 134

- ☐ argenté(e) 銀色の
- ☐ blanc(he) 白い
- ☐ bleu(e) 青い
- ☐ blond(e) ブロンドの
- ☐ brun(e) 褐色の、茶色の
- ☐ doré(e) 金色の
- ☐ gris(e) グレーの
- ☐ jaune 黄色い
- ☐ noir(e) 黒い
- ☐ orange オレンジ色の
- ☐ rose バラ色の
- ☐ rouge 赤い
- ☐ vert(e) 緑の

印象、感想（jugement） 135

- ☐ C'est amusant. 面白い、愉快だ
- ☐ C'est animé. 活気がある
- ☐ C'est beau. 美しい
- ☐ C'est bien. 良い
- ☐ C'est bon. おいしい
- ☐ C'est cher. （値段が）高い
- ☐ C'est délicieux. 美味だ
- ☐ C'est difficile. 難しい
- ☐ C'est dur. つらい
- ☐ C'est ennuyeux. 退屈だ
- ☐ C'est intéressant. 興味深い
- ☐ C'est magnifique. 素晴らしい
- ☐ C'est moins cher. （値段が）高くない
- ☐ C'est sympathique. 楽しい、感じが良い

インターネット（internet） 136

- ☐ ajouter 追加する
- ☐ l'application アプリケーション
- ☐ l'arobase アットマーク
- ☐ cliquer クリックする
- ☐ coller ペーストする
- ☐ copier コピーする
- ☐ couper 切り取る
- ☐ l'écran 画面、ディスプレイ
- ☐ fermer 閉じる
- ☐ imprimer 印刷する
- ☐ le mot de passe パスワード
- ☐ ouvrir 開く
- ☐ rechercher 検索する
- ☐ sauvegarder 保存する
- ☐ le site サイト
- ☐ taper 入力する
- ☐ télécharger ダウンロードする

家族（famille） 137

- ☐ le beau-père 義父
- ☐ la belle-mère 義母
- ☐ le copain [la copine] 友達、恋人
- ☐ le cousin [la cousine] いとこ
- ☐ la femme 妻
- ☐ le fiancé [la fiancée] 婚約者
- ☐ la fille 娘
- ☐ le fils 息子
- ☐ le frère 兄、弟
- ☐ la grand-mère 祖母
- ☐ le grand-père 祖父
- ☐ les grands-parents 祖父母
- ☐ la maman ママ
- ☐ le mari 夫
- ☐ la mère 母
- ☐ l'oncle おじ

☐ le papa パパ
☐ les parents 両親
☐ le père 父
☐ la petite-fille (女性の)孫
☐ le petit-fils (男性の)孫
☐ la sœur 姉、妹
☐ la tante おば

身体 (corps) 138

☐ la barbe (あごの)髭
☐ la bouche 口
☐ le bras 腕
☐ les cheveux 髪の毛
☐ le doigt 指
☐ le dos 背中
☐ l'épaule 肩
☐ le genou 膝
☐ la jambe 脚
☐ la joue 頬
☐ la lèvre 唇
☐ la main 手
☐ la moustache 口ひげ
☐ le nez 鼻
☐ l'oreille 耳
☐ le pied 足
☐ les reins 腰
☐ la tête 頭
☐ le ventre 腹
☐ le visage 顔
☐ les yeux 目

感情 (sentiment) 139

☐ être content(e) 満足だ、うれしい
☐ être en colère 怒っている
☐ être heureux [heureuse] 幸せだ
☐ être inquiet [inquiète] 心配だ
☐ être joyeux [joyeuse] 楽しい、陽気だ
☐ être malheureux [malheureuse] 不幸だ
☐ être nerveux [nerveuse] いらいらする
☐ être tendu(e) 緊張している
☐ être triste 悲しい

疑問詞 (interrogatif) 140

☐ combien どのくらい
☐ comment どのように
☐ où どこ
☐ pourquoi なぜ
☐ quand いつ
☐ que なに
☐ qui だれ

国・地域 (pays, région) 141

☐ l'Algérie アルジェリア
☐ l'Allemagne ドイツ
☐ l'Andorre アンドラ
☐ l'Angleterre イギリス
☐ l'Australie オーストラリア
☐ l'Autriche オーストリア
☐ la Belgique ベルギー
☐ le Brésil ブラジル
☐ le Cameroun カメルーン
☐ le Canada カナダ
☐ la Chine 中国
☐ la Corée du Nord 北朝鮮
☐ la Corée du Sud 韓国
☐ le Danemark デンマーク
☐ l'Égypte エジプト
☐ l'Espagne スペイン
☐ les États-Unis アメリカ
☐ l'Europe ヨーロッパ
☐ la France フランス
☐ la Grèce ギリシャ
☐ la Guinée ギニア
☐ Haïti ハイチ
☐ l'Inde インド
☐ l'Indonésie インドネシア
☐ le Japon 日本
☐ le Liban レバノン
☐ le Luxembourg ルクセンブルク
☐ Madagascar マダガスカル
☐ le Maroc モロッコ
☐ Monaco モナコ
☐ le Niger ニジェール
☐ la Nouvelle-Calédonie ニューカレドニア
☐ la Nouvelle-Zélande ニュージーランド
☐ les Pays-Bas オランダ
☐ le Pérou ペルー
☐ les Philippines フィリピン
☐ la Pologne ポーランド
☐ le Portugal ポルトガル
☐ le Québec ケベック
☐ la Russie ロシア
☐ le Rwanda ルワンダ
☐ le Sénégal セネガル
☐ la Suisse スイス
☐ Taïwan 台湾
☐ la Tunisie チュニジア

言語 (langue)

142

□ l'allemand	ドイツ語
□ l'alsacien	アルザス語
□ l'anglais	英語
□ l'arabe	アラビア語
□ le basque	バスク語
□ le celtique	ケルト語
□ le chinois	中国語
□ le coréen	韓国語、朝鮮語
□ le corse	コルシカ語
□ l'espagnol	スペイン語
□ le flamand	フラマン語
□ le français	フランス語
□ le grec	ギリシャ語
□ l'irlandais	アイルランド語
□ l'italien	イタリア語
□ le japonais	日本語
□ le latin	ラテン語
□ le luxembourgeois	ルクセンブルク語
□ le néerlandais	オランダ語
□ l'occitan	オック語
□ le portugais	ポルトガル語
□ le romanche	ロマンシュ語
□ le russe	ロシア語
□ le wallon	ワロン語

交通手段 (transport)

143

□ à moto / en moto	バイクで
□ à pied	徒歩で
□ à vélo / en vélo	自転車で
□ en avion	飛行機で
□ en bateau	船、舟で
□ en bus	バスで
□ en métro	地下鉄で
□ en taxi	タクシーで
□ en train	列車で
□ en voiture	車で

国籍 (nationalité)

144

□ algérien(ne)	アルジェリア人
□ allemand(e)	ドイツ人
□ américain(e)	アメリカ人
□ anglais(e)	イギリス人
□ belge	ベルギー人
□ brésilien(ne)	ブラジル人
□ canadien(ne)	カナダ人
□ chinois(e)	中国人
□ congolais(e)	コンゴ人
□ coréen(ne)	韓国人、朝鮮人
□ espagnol(e)	スペイン人
□ français(e)	フランス人
□ japonais(e)	日本人
□ indien(ne)	インド人
□ italien(ne)	イタリア人
□ ivoirien(ne)	コートジボワール人
□ libanais(e)	レバノン人
□ luxembourgeois(e)	ルクセンブルク人
□ marocain(e)	モロッコ人
□ philippin(e)	フィリピン人
□ portugais(e)	ポルトガル人
□ russe	ロシア人
□ suisse	スイス人
□ taïwanais(e)	台湾人
□ vietnamien(ne)	ベトナム人

四季 (saison)

145

□ le printemps	春
□ l'été	夏
□ l'automne	秋
□ l'hiver	冬

施設 (batîment)

146

□ la banque	銀行
□ la bibliothèque	図書館
□ la boulangerie	パン屋
□ le café	カフェ、喫茶店
□ le château	城
□ le cinéma	映画館
□ la classe	教室
□ le collège	中学校
□ le commissariat	警察
□ l'école primaire	小学校
□ l'entreprise	企業、会社
□ la fac	学部、大学
□ la gare	駅
□ l'hôpital	病院
□ le lycée	高校
□ la maison	家
□ le musée	博物館
□ la pharmacie	薬局
□ la poste	郵便局
□ le restaurant	レストラン
□ la rue	通り
□ le supermarché	スーパーマーケット
□ le théâtre	劇場
□ la tour	塔
□ l'université	大学

習慣、趣味 (activité, loisir) 147

- ☐ aimer 愛する
- ☐ acheter 買う
- ☐ acheter des vêtements 服を買う
- ☐ aller à l'université 大学に行く
- ☐ aller au cinéma 映画に行く
- ☐ aller au club クラブ活動に行く
- ☐ aller à un concert コンサートに行く
- ☐ aller au musée 博物館に行く
- ☐ aller au théâtre 劇場に行く
- ☐ aller boire un verre 飲みに行く
- ☐ aller chez mes parents 両親の家に行く
- ☐ arriver à l'université 大学に着く
- ☐ avoir 持っている
- ☐ boire 飲む
- ☐ cesser やめる
- ☐ compter ～するつもりである
- ☐ se coucher 寝る、横になる
- ☐ déjeuner 昼食をとる
- ☐ dîner 夕食をとる
- ☐ donner 与える
- ☐ dormir 眠る
- ☐ écouter de la musique 音楽を聴く
- ☐ écouter la radio ラジオを聴く
- ☐ écrire 書く、手紙を書く
- ☐ écrire des messages メールを書く
- ☐ enseigner 教える
- ☐ entendre 聞こえる
- ☐ étudier 勉強する
- ☐ faire de la natation 水泳をする
- ☐ faire du foot サッカーをする
- ☐ faire du jogging ジョギングする
- ☐ faire du shopping 買い物をする
- ☐ faire du ski スキーをする
- ☐ faire du sport スポーツをする
- ☐ faire la cuisine 料理をする
- ☐ faire un petit boulot アルバイトをする
- ☐ faire un stage linguistique 語学研修を受ける
- ☐ faire un tour 旅行して回る、散歩する
- ☐ finir les cours 授業を終える
- ☐ finir ses devoirs 宿題を終える
- ☐ finir ses études 学業を終える
- ☐ fréquenter よく行く、頻繁に会う
- ☐ gagner 稼ぐ、得る、勝つ
- ☐ habiter 住む
- ☐ inviter 招待する、おごる
- ☐ jouer à des jeux vidéo ビデオゲームをする
- ☐ jouer de la guitare ギターを弾く
- ☐ jouer du piano ピアノを弾く
- ☐ se lever 起きる
- ☐ lire des mangas マンガを読む
- ☐ manger 食べる、食事する
- ☐ nager en mer 海で泳ぐ
- ☐ ne rien faire de particulier 特別なことはしない
- ☐ offrir 贈る
- ☐ parler 話す
- ☐ partir 出発する
- ☐ partir de la maison 家を出る
- ☐ partir en vacances ヴァカンスに出かける
- ☐ passer 過ごす
- ☐ porter 身につけている、着ている
- ☐ préférer 好む
- ☐ prendre とる、乗る
- ☐ prendre une douche シャワーを浴びる
- ☐ prendre une photo 写真をとる
- ☐ présenter 紹介する
- ☐ se promener 散歩する
- ☐ raconter 語る、物語る
- ☐ regarder des vidéos 動画を見る
- ☐ regarder la télé テレビを見る
- ☐ rencontrer 出会う
- ☐ rentrer à la maison 家に帰る
- ☐ rester à la maison 家にいる
- ☐ sortir 外出する、デートする
- ☐ tomber malade 病気になる
- ☐ travailler 仕事する、勉強する
- ☐ venir 来る
- ☐ visiter 訪問する
- ☐ voir des amis 友人に会う
- ☐ voyager en Europe ヨーロッパを旅行する

住民名 (gentilé) 148

- ☐ bourguignon(ne) ブルゴーニュの人
- ☐ breton(ne) ブルターニュの人
- ☐ bruxellois(e) ブリュッセルの人
- ☐ francilien(ne) イル=ド=フランスの人
- ☐ lyonnais(e) リヨンの人
- ☐ parisien(ne) パリの人
- ☐ québécois(e) ケベックの人

順序 (ordre) 149

- ☐ d'abord まず、はじめに
- ☐ premièrement 第一に
- ☐ deuxièmement 第二に
- ☐ ensuite 次に
- ☐ puis 次に

- □ enfin 最後に
- □ finalement 最後に

職業 (profession) 150

- □ assistant(e) アシスタント
- □ collégien(ne) 中学生
- □ cuisinier [cuisinière] 料理人
- □ employé(e) 会社員
- □ fonctionnaire 公務員
- □ journaliste ジャーナリスト
- □ homme [femme] au foyer 主夫・主婦
- □ ingénieur エンジニア
- □ lycéen(ne) 高校生
- □ magicien(ne) マジシャン
- □ médecin 医師
- □ professeur 教授

スポーツ (sport) 151

- □ le baseball 野球
- □ le basket-ball バスケットボール
- □ la boxe ボクシング
- □ le cricket クリケット
- □ le foot サッカー
- □ le handball ハンドボール
- □ le jogging ジョギング
- □ le judo 柔道
- □ la natation 水泳
- □ le ping-pong 卓球
- □ le rugby ラグビー
- □ le ski スキー
- □ le softball ソフトボール
- □ le tennis テニス
- □ le volley-ball バレーボール

性格、容姿 (personnalité, apparence) 152

- □ âgé(e) 年上の
- □ bavard(e) おしゃべりな
- □ calme 静かな、落ち着いた
- □ content(e) 幸せな
- □ court(e) 短い
- □ embarrassé(e) 困惑した、途方に暮れた
- □ gêné(e) 窮屈そうな、ばつの悪い
- □ gentil(le) 優しい
- □ grand(e) 背の高い、大きい
- □ gros(se) 太っている
- □ intelligent(e) 頭の良い、知的な
- □ jeune 若い
- □ joli(e) きれいな、かわいい
- □ joyeux [joyeuse] うれしい、陽気な
- □ long(ue) 長い
- □ mignon(ne) かわいらしい、愛らしい
- □ mince 痩せている
- □ petit(e) 背が小さい、小さい
- □ sérieux [sérieuse] 真面目な
- □ sportif [sportive] スポーツをするのが好きな
- □ sympathique 感じの良い、好感のもてる
- □ timide 内気な

接続 (conjonction) 153

- □ alors それゆえ、だから
- □ car なぜなら、というのは
- □ comme 〜なので、〜のように、〜として
- □ donc したがって、だから
- □ et そして、および
- □ mais しかし
- □ ne... ni A ni B AもBも…ない
- □ ou あるいは、または

体調 (condition physique) 154

- □ avoir attrapé un rhume 風邪をひいた
- □ avoir de la fièvre 熱がある
- □ avoir mal à la gorge 喉が痛い
- □ avoir mal à la tête 頭が痛い
- □ avoir mal à l'estomac 胃が痛い
- □ avoir mal au ventre 腹が痛い
- □ être en forme 元気だ
- □ être fatigué(e) 疲れている
- □ être malade 具合が悪い、病気だ

食べ物、飲み物 (nourriture, boisson) 155

- □ le beurre バター
- □ la bière ビール
- □ le café コーヒー
- □ la carafe カラフ、ガラス瓶
- □ les céréales シリアル
- □ le chocolat チョコレート
- □ le chocolat chaud ホットチョコレート
- □ le cidre シードル、りんご酒
- □ le coca コーラ
- □ la confiture ジャム
- □ le couscous クスクス
- □ la cuisine 料理
- □ le déjeuner 昼食
- □ le dessert デザート
- □ le dîner 夕食
- □ l'eau 水
- □ le fromage チーズ
- □ les fruits 果物

☐ la glace　アイスクリーム
☐ le jus d'orange　オレンジジュース
☐ le hors-d'œuvre　オードブル
☐ le lait　牛乳
☐ les légumes　野菜
☐ le miel　はちみつ
☐ les nouilles　麺
☐ l'œuf　たまご
☐ le pain　パン
☐ les pâtes　パスタ
☐ le petit-déjeuner　朝食
☐ le plat du jour　本日のおすすめの一皿
☐ le poisson　魚
☐ le riz　米
☐ la salade　サラダ
☐ la soupe　スープ
☐ le thé　茶
☐ la viande　肉
☐ le vin　ワイン
☐ le vin chaud　ホットワイン
☐ le yaourt　ヨーグルト

月 (mois)　156

☐ janvier　1月
☐ février　2月
☐ mars　3月
☐ avril　4月
☐ mai　5月
☐ juin　6月
☐ juillet　7月
☐ août　8月
☐ septembre　9月
☐ octobre　10月
☐ novembre　11月
☐ décembre　12月
☐ le jour de l'an　元旦
☐ Noël　クリスマス

天気 (temps)　157

☐ Il fait beau.　天気が良い
☐ Il fait chaud.　暑い
☐ Il fait doux.　暖かい、快適だ
☐ Il fait frais.　涼しい
☐ Il fait froid.　寒い
☐ Il fait humide.　湿気がある
☐ Il fait 15 degrés.　15度です
☐ Il fait moins 5 degrés.　マイナス5度です
☐ Il neige.　雪が降っている
☐ Il pleut.　雨が降っている
☐ Il y a des nuages.　曇っている
☐ Il y a du vent.　風がある

動物 (animal)　158

☐ le bœuf　牛
☐ le canard　カモ
☐ le chat　猫
☐ le cheval　馬
☐ la chèvre　山羊
☐ le chien　犬
☐ le cochon　豚
☐ le coq　ニワトリ
☐ le crabe　カニ
☐ la crevette　小エビ
☐ le homard　ロブスター
☐ le lapin　ウサギ
☐ le mouton　羊
☐ l'oiseau　鳥
☐ le pigeon　鳩
☐ la poule　ニワトリ
☐ la souris　ネズミ
☐ la vache　雌牛

時 (temps)　159

☐ le matin　朝、午前
☐ le midi　正午
☐ l'après-midi　午後
☐ le soir　夕方、晩
☐ minuit　午前0時

☐ l'année dernière　去年
☐ l'année prochaine　来年
☐ le mois dernier　先月
☐ le mois prochain　来月
☐ la semaine dernière　先週
☐ la semaine prochaine　来週

☐ depuis　〜以来、以後
☐ pendant　〜のあいだに
☐ avant　前に、以前に
☐ plus tôt　前に、先に
☐ maintenant　今
☐ après　あとで
☐ plus tard　あとで

☐ avant-hier　一昨日
☐ hier　昨日
☐ aujourd'hui　今日
☐ demain　明日

□ après-demain 明後日
□ ce week-end 今週末
□ un jour ある日、いつか

□ il y a trois jours 三日前
□ dans les trois jours 三日以内
□ dans trois jours 三日後

□ tous les ans 毎年
□ tous les mois 毎月
□ toutes les semaines 毎週
□ tous les jours 毎日

□ toute l'année 一年中
□ tout le mois ひと月中
□ toute la semaine 一週間中
□ toute la journée 一日中
□ toute la matinée 午前中ずっと
□ toute la soirée 夜ずっと
□ toute la nuit 一晩中

頻度 (fréquence) 160

□ en général 一般的に
□ toujours いつも、常に
□ souvent しばしば、多くの場合
□ de temps en temps 時々
□ parfois 時々
□ rarement まれに
□ ne... jamais 一度も…ない

□ une fois par an 一年に1回
□ deux fois par mois ひと月に2回
□ trois fois par semaine 週に3回
□ quatre fois par jour 一日に4回

服装 (vêtement) 161

□ les bottes ブーツ
□ le chapeau 帽子
□ les chaussettes 靴下
□ les chaussures 靴
□ la chemise シャツ、ワイシャツ
□ les gants 手ぶくろ
□ le jean ジーンズ
□ la jupe スカート
□ les lunettes 眼鏡
□ le manteau コート
□ le pantalon ズボン、パンツ
□ le pull セーター
□ la robe ワンピース、ドレス
□ le T-shirt Tシャツ
□ la veste 上着、ジャケット

身のまわり品 (objet) 162

□ l'argent お金
□ le billet 切符、紙幣
□ la boîte 箱
□ le bureau 机、デスク
□ le cadeau プレゼント
□ la chaise 椅子
□ la fenêtre 窓
□ la gomme 消しゴム
□ la guitare ギター
□ le journal 新聞、日記
□ la lampe ランプ、ライト、電球
□ la lettre 手紙
□ le lit ベッド
□ le livre 本
□ le mouchoir ハンカチ
□ l'oreiller 枕
□ la pendule 置き時計、掛け時計
□ le portefeuille 財布
□ la radio ラジオ
□ le rideau カーテン
□ le sac カバン
□ le stylo ペン
□ la table テーブル
□ la télévision テレビ
□ le ticket チケット、切符
□ le verre グラス、コップ

曜日 (jour de la semaine) 163

□ lundi 月曜日
□ mardi 火曜日
□ mercredi 水曜日
□ jeudi 木曜日
□ vendredi 金曜日
□ samedi 土曜日
□ dimanche 日曜日
□ les jours de la semaine 平日
□ le week-end 週末

達成度チェックリスト

できるようになった項目の□に
チェックを入れましょう！

Leçon	Savoir-faire	Grammaire
1	□ 自分の名前、職業を伝えられる □ 自分の住んでいるところ、出身地を伝えられる	□ 主語に合わせて動詞êtreを活用できる □ 主語人称代名詞を使い分けられる
2	□ 自分の国籍、話せる言語を伝えられる □ 自分の年齢、兄弟の有無を伝えられる	□ 主語に合わせて動詞avoirを活用できる □ 男性形と女性形を使い分けられる
3	□ 家族や身近な人の容姿・性格を描写できる	□ 所有形容詞を使い分けられる □ 否定文をつくることができる
4	□ 趣味、余暇の活動について話せる □ 好きなもの、嫌いなものについて話せる	□ 主語に合わせて -er動詞を活用できる
5	□ 人や物の位置について説明できる □ 道順についてのやりとりができる	□ 定冠詞と不定冠詞の違いを説明できる □ 場所を表す前置詞を使い分けられる
6	□ したばかりのこと、している最中のこと、これからするつもりのことについて話せる	□ 主語に合わせて動詞aller/venirを活用できる □ 近接過去、近接未来、être en train de ～を含む文をつくることができる
7	□ 一日の行動について話せる □ 日常の習慣について話せる □ 時間についてやりとりできる	□ 主語に合わせて代名動詞を活用できる □ さまざまな動詞の活用を活用表で調べることができる □ 定冠詞と不定冠詞と部分冠詞の違いを説明できる
8	□ 過去の行為や出来事についてやりとりできる	□ 複合過去の文をつくることができる
9	□ 過去の習慣、状況、気持ちについてやりとりできる	□ 半過去の文をつくることができる □ 複合過去と半過去の違いを説明できる
10	□ インターネットの情報を読みとり、比較検討できる □ 天気についてやりとりできる	□ 比較級と最上級の文をつくることができる □ 前置詞と定冠詞の縮約形が理解できる
11	□ 今後の予定や将来についてやりとりできる	□ 単純未来の文をつくることができる □ 指示形容詞を使い分けられる
12	□ 身近な人に簡単なインタビューをし、その結果を順序だてて発表することができる	□ さまざまな疑問詞を使った疑問文をつくることができる □ 直接／間接目的補語代名詞が指しているものを読みとれる

著者紹介

今中 舞衣子（いまなか まいこ）
大阪産業大学国際学部准教授

中條 健志（ちゅうじょう たけし）
東海大学語学教育センター講師

アクティヴ！1

2020年2月10日 第1刷発行
2024年3月10日 第4刷発行

著 者© 今 中 舞 衣 子
中 條 健 志
発行者 岩 堀 雅 己
印刷所 株 式 会 社 三 秀 舎

発行所 〒101-0052 東京都千代田区神田小川町3の24
電話 03-3291-7811（営業部），7821（編集部）
www.hakusuisha.co.jp
乱丁・落丁本は送料小社負担にてお取り替えいたします。
株式会社白水社

振替 00190-5-33228 Printed in Japan 誠製本株式会社

ISBN978-4-560-06135-0

動詞活用表

1 avoir
2 être
3 aimer
4 finir
5 acheter
6 aller
7 appeler
8 asseoir
9 battre
10 boire
11 conduire
12 connaître
13 courir
14 craindre
15 croire
16 devoir
17 dire
18 écrire
19 employer
20 envoyer
21 faire
22 falloir
23 fuir
24 lire
25 manger
26 mettre
27 mourir
28 naître
29 ouvrir
30 partir
31 payer
32 placer
33 plaire
34 pleuvoir
35 pouvoir
36 préférer
37 prendre
38 recevoir
39 rendre
40 résoudre
41 rire
42 savoir
43 suffire
44 suivre
45 vaincre
46 valoir
47 venir
48 vivre
49 voir
50 vouloir

不定法	直説法			
① **avoir** 現在分詞 ayant 過去分詞 eu [y]	現　在 j' **ai** [e] tu **as** il **a** nous **avons** vous **avez** ils **ont**	半過去 j' **avais** tu **avais** il **avait** nous **avions** vous **aviez** ils **avaient**	単純過去 j' **eus** [y] tu **eus** il **eut** nous **eûmes** vous **eûtes** ils **eurent**	単純未来 j' **aurai** tu **auras** il **aura** nous **aurons** vous **aurez** ils **auront**
	複合過去 j' ai eu tu as eu il a eu nous avons eu vous avez eu ils ont eu	大過去 j' avais eu tu avais eu il avait eu nous avions eu vous aviez eu ils avaient eu	前過去 j' eus eu tu eus eu il eut eu nous eûmes eu vous eûtes eu ils eurent eu	前未来 j' aurai eu tu auras eu il aura eu nous aurons eu vous aurez eu ils auront eu
② **être** 現在分詞 étant 過去分詞 été	現　在 je **suis** tu **es** il **est** nous **sommes** vous **êtes** ils **sont**	半過去 j' **étais** tu **étais** il **était** nous **étions** vous **étiez** ils **étaient**	単純過去 je **fus** tu **fus** il **fut** nous **fûmes** vous **fûtes** ils **furent**	単純未来 je **serai** tu **seras** il **sera** nous **serons** vous **serez** ils **seront**
	複合過去 j' ai été tu as été il a été nous avons été vous avez été ils ont été	大過去 j' avais été tu avais été il avait été nous avions été vous aviez été ils avaient été	前過去 j' eus été tu eus été il eut été nous eûmes été vous eûtes été ils eurent été	前未来 j' aurai été tu auras été il aura été nous aurons été vous aurez été ils auront été
③ **aimer** 現在分詞 aimant 過去分詞 aimé	現　在 j' aime tu aimes il aime nous aim**ons** vous aim**ez** ils aim**ent**	半過去 j' aim**ais** tu aim**ais** il aim**ait** nous aim**ions** vous aim**iez** ils aim**aient**	単純過去 j' aim**ai** tu aim**as** il aim**a** nous aim**âmes** vous aim**âtes** ils aim**èrent**	単純未来 j' aimer**ai** tu aimer**as** il aimer**a** nous aimer**ons** vous aimer**ez** ils aimer**ont**
第1群 **規則動詞**	複合過去 j' ai aimé tu as aimé il a aimé nous avons aimé vous avez aimé ils ont aimé	大過去 j' avais aimé tu avais aimé il avait aimé nous avions aimé vous aviez aimé ils avaient aimé	前過去 j' eus aimé tu eus aimé il eut aimé nous eûmes aimé vous eûtes aimé ils eurent aimé	前未来 j' aurai aimé tu auras aimé il aura aimé nous aurons aimé vous aurez aimé ils auront aimé
④ **finir** 現在分詞 finissant 過去分詞 fini	現　在 je finis tu finis il finit nous finiss**ons** vous finiss**ez** ils finiss**ent**	半過去 je finiss**ais** tu finiss**ais** il finiss**ait** nous finiss**ions** vous finiss**iez** ils finiss**aient**	単純過去 je finis tu finis il finit nous fin**îmes** vous fin**îtes** ils fin**irent**	単純未来 je finir**ai** tu finir**as** il finir**a** nous finir**ons** vous finir**ez** ils finir**ont**
第2群 **規則動詞**	複合過去 j' ai fini tu as fini il a fini nous avons fini vous avez fini ils ont fini	大過去 j' avais fini tu avais fini il avait fini nous avions fini vous aviez fini ils avaient fini	前過去 j' eus fini tu eus fini il eut fini nous eûmes fini vous eûtes fini ils eurent fini	前未来 j' aurai fini tu auras fini il aura fini nous aurons fini vous aurez fini ils auront fini

条件法	接続法		命令法
現在	現在	半過去	
j' **aurais**	j' **aie** [ɛ]	j' **eusse**	
tu **aurais**	tu **aies**	tu **eusses**	aie
il **aurait**	il **ait**	il **eût**	
nous **aurions**	nous ay**ons**	nous **eussions**	ay**ons**
vous **auriez**	vous ay**ez**	vous **eussiez**	ay**ez**
ils **auraient**	ils ai**ent**	ils **eussent**	
過去	過去	大過去	
j' aurais eu	j' aie eu	j' eusse eu	
tu aurais eu	tu aies eu	tu eusses eu	
il aurait eu	il ait eu	il eût eu	
nous aurions eu	nous ayons eu	nous eussions eu	
vous auriez eu	vous ayez eu	vous eussiez eu	
ils auraient eu	ils aient eu	ils eussent eu	
現在	現在	半過去	
je **serais**	je sois	je **fusse**	
tu **serais**	tu sois	tu **fusses**	sois
il **serait**	il soit	il **fût**	
nous **serions**	nous soy**ons**	nous **fussions**	soy**ons**
vous **seriez**	vous soy**ez**	vous **fussiez**	soy**ez**
ils **seraient**	ils soi**ent**	ils **fussent**	
過去	過去	大過去	
j' aurais été	j' aie été	j' eusse été	
tu aurais été	tu aies été	tu eusses été	
il aurait été	il ait été	il eût été	
nous aurions été	nous ayons été	nous eussions été	
vous auriez été	vous ayez été	vous eussiez été	
ils auraient été	ils aient été	ils eussent été	
現在	現在	半過去	
j' aime**rais**	j' aim**e**	j' aim**asse**	
tu aime**rais**	tu aim**es**	tu aim**asses**	aim**e**
il aime**rait**	il aim**e**	il aim**ât**	
nous aime**rions**	nous aim**ions**	nous aim**assions**	aim**ons**
vous aime**riez**	vous aim**iez**	vous aim**assiez**	aim**ez**
ils aime**raient**	ils aim**ent**	ils aim**assent**	
過去	過去	大過去	
j' aurais aimé	j' aie aimé	j' eusse aimé	
tu aurais aimé	tu aies aimé	tu eusses aimé	
il aurait aimé	il ait aimé	il eût aimé	
nous aurions aimé	nous ayons aimé	nous eussions aimé	
vous auriez aimé	vous ayez aimé	vous eussiez aimé	
ils auraient aimé	ils aient aimé	ils eussent aimé	
現在	現在	半過去	
je fini**rais**	je fin**isse**	je fin**isse**	
tu fini**rais**	tu fin**isses**	tu fin**isses**	fin**is**
il fini**rait**	il fin**isse**	il fin**ît**	
nous fini**rions**	nous fin**issions**	nous fin**issions**	fin**issons**
vous fini**riez**	vous fin**issiez**	vous fin**issiez**	fin**issez**
ils fini**raient**	ils fin**issent**	ils fin**issent**	
過去	過去	大過去	
j' aurais fini	j' aie fini	j' eusse fini	
tu aurais fini	tu aies fini	tu eusses fini	
il aurait fini	il ait fini	il eût fini	
nous aurions fini	nous ayons fini	nous eussions fini	
vous auriez fini	vous ayez fini	vous eussiez fini	
ils auraient fini	ils aient fini	ils eussent fini	

不定法 現在分詞 過去分詞	直説法			
	現在	半過去	単純過去	単純未来
⑤ **acheter** achetant acheté	j' ach**è**te tu ach**è**tes il ach**è**te n. achetons v. achetez ils ach**è**tent	j' achetais tu achetais il achetait n. achetions v. achetiez ils achetaient	j' achetai tu achetas il acheta n. achetâmes v. achetâtes ils achetèrent	j' ach**è**terai tu ach**è**teras il ach**è**tera n. ach**è**terons v. ach**è**terez ils ach**è**teront
⑥ **aller** allant allé	je **vais** tu **vas** il **va** n. allons v. allez ils **vont**	j' allais tu allais il allait n. allions v. alliez ils allaient	j' allai tu allas il alla n. allâmes v. allâtes ils allèrent	j' **i**rai tu **i**ras il **i**ra n. **i**rons v. **i**rez ils **i**ront
⑦ **appeler** appelant appelé	j' appe**ll**e tu appe**ll**es il appe**ll**e n. appelons v. appelez ils appe**ll**ent	j' appelais tu appelais il appelait n. appelions v. appeliez ils appelaient	j' appelai tu appelas il appela n. appelâmes v. appelâtes ils appelèrent	j' appe**ll**erai tu appe**ll**eras il appe**ll**era n. appe**ll**erons v. appe**ll**erez ils appe**ll**eront
⑧ **asseoir** asseyant (assoyant) assis	j' assieds [asje] tu assieds il assied n. asseyons v. asseyez ils asseyent - - - - - j' assois tu assois il assoit n. assoyons v. assoyez ils assoient	j' asseyais tu asseyais il asseyait n. asseyions v. asseyiez ils asseyaient - - - - - j' assoyais tu assoyais il assoyait n. assoyions v. assoyiez ils assoyaient	j' assis tu assis il assit n. assîmes v. assîtes ils assirent	j' assiérai tu assiéras il assiéra n. assiérons v. assiérez ils assiéront - - - - - j' assoirai tu assoiras il assoira n. assoirons v. assoirez ils assoiront
⑨ **battre** battant battu	je bats tu bats il bat n. battons v. battez ils battent	je battais tu battais il battait n. battions v. battiez ils battaient	je battis tu battis il battit n. battîmes v. battîtes ils battirent	je battrai tu battras il battra n. battrons v. battrez ils battront
⑩ **boire** buvant bu	je bois tu bois il boit n. buvons v. buvez ils boivent	je buvais tu buvais il buvait n. buvions v. buviez ils buvaient	je bus tu bus il but n. bûmes v. bûtes ils burent	je boirai tu boiras il boira n. boirons v. boirez ils boiront
⑪ **conduire** conduisant conduit	je conduis tu conduis il conduit n. conduisons v. conduisez ils conduisent	je conduisais tu conduisais il conduisait n. conduisions v. conduisiez ils conduisaient	je conduisis tu conduisis il conduisit n. conduisîmes v. conduisîtes ils conduisirent	je conduirai tu conduiras il conduira n. conduirons v. conduirez ils conduiront

条件法	接続法		命令法	同型
現在	現在	半過去		
j' achèterais	j' achète	j' achetasse		achever
tu achèterais	tu achètes	tu achetasses	achète	lever
il achèterait	il achète	il achetât		mener
n. achèterions	n. achetions	n. achetassions	achetons	promener
v. achèteriez	v. achetiez	v. achetassiez	achetez	soulever
ils achèteraient	ils achètent	ils achetassent		
j' irais	j' aille	j' allasse		
tu irais	tu ailles	tu allasses	va	
il irait	il aille	il allât		
n. irions	n. allions	n. allassions	allons	
v. iriez	v. alliez	v. allassiez	allez	
ils iraient	ils aillent	ils allassent		
j' appellerais	j' appelle	j' appelasse		jeter
tu appellerais	tu appelles	tu appelasses	appelle	rappeler
il appellerait	il appelle	il appelât		
n. appellerions	n. appelions	n. appelassions	appelons	
v. appelleriez	v. appeliez	v. appelassiez	appelez	
ils appelleraient	ils appellent	ils appelassent		
j' assiérais	j' asseye [asɛj]	j' assisse		注 主として代名動詞s'asseoirで使われる.
tu assiérais	tu asseyes	tu assisses	assieds	
il assiérait	il asseye	il assît		
n. assiérions	n. asseyions	n. assissions	asseyons	
v. assiériez	v. asseyiez	v. assissiez	asseyez	
ils assiéraient	ils asseyent	ils assissent		
j' assoirais	j' assoie			
tu assoirais	tu assoies		assois	
il assoirait	il assoie			
n. assoirions	n. assoyions		assoyons	
v. assoiriez	v. assoyiez		assoyez	
ils assoiraient	ils assoient			
je battrais	je batte	je battisse		abattre
tu battrais	tu battes	tu battisses	bats	combattre
il battrait	il batte	il battît		
n. battrions	n. battions	n. battissions	battons	
v. battriez	v. battiez	v. battissiez	battez	
ils battraient	ils battent	ils battissent		
je boirais	je boive	je busse		
tu boirais	tu boives	tu busses	bois	
il boirait	il boive	il bût		
n. boirions	n. buvions	n. bussions	buvons	
v. boiriez	v. buviez	v. bussiez	buvez	
ils boiraient	ils boivent	ils bussent		
je conduirais	je conduise	je conduisisse		construire
tu conduirais	tu conduises	tu conduisisses	conduis	détruire
il conduirait	il conduise	il conduisît		instruire
n. conduirions	n. conduisions	n. conduisissions	conduisons	introduire
v. conduiriez	v. conduisiez	v. conduisissiez	conduisez	produire
ils conduiraient	ils conduisent	ils conduisissent		traduire

不定法 現在分詞 過去分詞	直説法			
	現在	半過去	単純過去	単純未来
⑫ **connaître** connaissant connu	je connais tu connais il connaît n. connaissons v. connaissez ils connaissent	je connaissais tu connaissais il connaissait n. connaissions v. connaissiez ils connaissaient	je connus tu connus il connut n. connûmes v. connûtes ils connurent	je connaîtrai tu connaîtras il connaîtra n. connaîtrons v. connaîtrez ils connaîtront
⑬ **courir** courant couru	je cours tu cours il court n. courons v. courez ils courent	je courais tu courais il courait n. courions v. couriez ils couraient	je courus tu courus il courut n. courûmes v. courûtes ils coururent	je courrai tu courras il courra n. courrons v. courrez ils courront
⑭ **craindre** craignant craint	je crains tu crains il craint n. craignons v. craignez ils craignent	je craignais tu craignais il craignait n. craignions v. craigniez ils craignaient	je craignis tu craignis il craignit n. craignîmes v. craignîtes ils craignirent	je craindrai tu craindras il craindra n. craindrons v. craindrez ils craindront
⑮ **croire** croyant cru	je crois tu crois il croit n. croyons v. croyez ils croient	je croyais tu croyais il croyait n. croyions v. croyiez ils croyaient	je crus tu crus il crut n. crûmes v. crûtes ils crurent	je croirai tu croiras il croira n. croirons v. croirez ils croiront
⑯ **devoir** devant dû, due, dus, dues	je dois tu dois il doit n. devons v. devez ils doivent	je devais tu devais il devait n. devions v. deviez ils devaient	je dus tu dus il dut n. dûmes v. dûtes ils durent	je devrai tu devras il devra n. devrons v. devrez ils devront
⑰ **dire** disant dit	je dis tu dis il dit n. disons v. dites ils disent	je disais tu disais il disait n. disions v. disiez ils disaient	je dis tu dis il dit n. dîmes v. dîtes ils dirent	je dirai tu diras il dira n. dirons v. direz ils diront
⑱ **écrire** écrivant écrit	j' écris tu écris il écrit n. écrivons v. écrivez ils écrivent	j' écrivais tu écrivais il écrivait n. écrivions v. écriviez ils écrivaient	j' écrivis tu écrivis il écrivit n. écrivîmes v. écrivîtes ils écrivirent	j' écrirai tu écriras il écrira n. écrirons v. écrirez ils écriront
⑲ **employer** employant employé	j' emploie tu emploies il emploie n. employons v. employez ils emploient	j' employais tu employais il employait n. employions v. employiez ils employaient	j' employai tu employas il employa n. employâmes v. employâtes ils employèrent	j' emploierai tu emploieras il emploiera n. emploierons v. emploierez ils emploieront

条件法	接続法		命令法	同型
現在	現在	半過去		
je connaîtrais	je connaisse	je connusse		apparaître
tu connaîtrais	tu connaisses	tu connusses	connais	disparaître
il connaîtrait	il connaisse	il connût		paraître
n. connaîtrions	n. connaissions	n. connussions	connaissons	reconnaître
v. connaîtriez	v. connaissiez	v. connussiez	connaissez	
ils connaîtraient	ils connaissent	ils connussent		
je courrais	je coure	je courusse		accourir
tu courrais	tu coures	tu courusses	cours	parcourir
il courrait	il coure	il courût		
n. courrions	n. courions	n. courussions	courons	
v. courriez	v. couriez	v. courussiez	courez	
ils courraient	ils courent	ils courussent		
je craindrais	je craigne	je craignisse		atteindre
tu craindrais	tu craignes	tu craignisses	crains	éteindre
il craindrait	il craigne	il craignît		joindre
n. craindrions	n. craignions	n. craignissions	craignons	peindre
v. craindriez	v. craigniez	v. craignissiez	craignez	plaindre
ils craindraient	ils craignent	ils craignissent		
je croirais	je croie	je crusse		
tu croirais	tu croies	tu crusses	crois	
il croirait	il croie	il crût		
n. croirions	n. croyions	n. crussions	croyons	
v. croiriez	v. croyiez	v. crussiez	croyez	
ils croiraient	ils croient	ils crussent		
je devrais	je doive	je dusse		
tu devrais	tu doives	tu dusses		
il devrait	il doive	il dût		
n. devrions	n. devions	n. dussions		
v. devriez	v. deviez	v. dussiez		
ils devraient	ils doivent	ils dussent		
je dirais	je dise	je disse		
tu dirais	tu dises	tu disses	dis	
il dirait	il dise	il dît		
n. dirions	n. disions	n. dissions	disons	
v. diriez	v. disiez	v. dissiez	dites	
ils diraient	ils disent	ils dissent		
j' écrirais	j' écrive	j' écrivisse		décrire
tu écrirais	tu écrives	tu écrivisses	écris	inscrire
il écrirait	il écrive	il écrivît		
n. écririons	n. écrivions	n. écrivissions	écrivons	
v. écririez	v. écriviez	v. écrivissiez	écrivez	
ils écriraient	ils écrivent	ils écrivissent		
j' emploierais	j' emploie	j' employasse		aboyer
tu emploierais	tu emploies	tu employasses	emploie	nettoyer
il emploierait	il emploie	il employât		noyer
n. emploierions	n. employions	n. employassions	employons	tutoyer
v. emploieriez	v. employiez	v. employassiez	employez	
ils emploieraient	ils emploient	ils employassent		

不定法 現在分詞 過去分詞	直説法			
	現在	半過去	単純過去	単純未来
⑳ **envoyer** envoyant envoyé	j' envoie tu envoies il envoie n. envoyons v. envoyez ils envoient	j' envoyais tu envoyais il envoyait n. envoyions v. envoyiez ils envoyaient	j' envoyai tu envoyas il envoya n. envoyâmes v. envoyâtes ils envoyèrent	j' enverrai tu enverras il enverra n. enverrons v. enverrez ils enverront
㉑ **faire** faisant [fəzɑ̃] fait	je fais [fɛ] tu fais il fait n. faisons [fəzɔ̃] v. faites [fɛt] ils **font**	je faisais [fəzɛ] tu faisais il faisait n. faisions v. faisiez ils faisaient	je fis tu fis il fit n. fîmes v. fîtes ils firent	je ferai tu feras il fera n. ferons v. ferez ils feront
㉒ **falloir** — fallu	il faut	il fallait	il fallut	il faudra
㉓ **fuir** fuyant fui	je fuis tu fuis il fuit n. fuyons v. fuyez ils fuient	je fuyais tu fuyais il fuyait n. fuyions v. fuyiez ils fuyaient	je fuis tu fuis il fuit n. fuîmes v. fuîtes ils fuirent	je fuirai tu fuiras il fuira n. fuirons v. fuirez ils fuiront
㉔ **lire** lisant lu	je lis tu lis il lit n. lisons v. lisez ils lisent	je lisais tu lisais il lisait n. lisions v. lisiez ils lisaient	je lus tu lus il lut n. lûmes v. lûtes ils lurent	je lirai tu liras il lira n. lirons v. lirez ils liront
㉕ **manger** mang**e**ant mangé	je mange tu manges il mange n. mang**e**ons v. mangez ils mangent	je mang**e**ais tu mang**e**ais il mang**e**ait n. mangions v. mangiez ils mang**e**aient	je mang**e**ai tu mang**e**as il mang**e**a n. mang**e**âmes v. mang**e**âtes ils mangèrent	je mangerai tu mangeras il mangera n. mangerons v. mangerez ils mangeront
㉖ **mettre** mettant mis	je mets tu mets il met n. mettons v. mettez ils mettent	je mettais tu mettais il mettait n. mettions v. mettiez ils mettaient	je mis tu mis il mit n. mîmes v. mîtes ils mirent	je mettrai tu mettras il mettra n. mettrons v. mettrez ils mettront
㉗ **mourir** mourant mort	je meurs tu meurs il meurt n. mourons v. mourez ils meurent	je mourais tu mourais il mourait n. mourions v. mouriez ils mouraient	je mourus tu mourus il mourut n. mourûmes v. mourûtes ils moururent	je mourrai tu mourras il mourra n. mourrons v. mourrez ils mourront

条件法	接続法		命令法	同型
現在	現在	半過去		
j' enverrais tu enverrais il enverrait n. enverrions v. enverriez ils enverraient	j' envoie tu envoies il envoie n. envoyions v. envoyiez ils envoient	j' envoyasse tu envoyasses il envoyât n. envoyassions v. envoyassiez ils envoyassent	 envoie envoyons envoyez	renvoyer
je ferais tu ferais il ferait n. ferions v. feriez ils feraient	je fasse tu fasses il fasse n. fassions v. fassiez ils fassent	je fisse tu fisses il fît n. fissions v. fissiez ils fissent	 fais faisons faites	défaire refaire satisfaire
il faudrait	il faille	il fallût		
je fuirais tu fuirais il fuirait n. fuirions v. fuiriez ils fuiraient	je fuie tu fuies il fuie n. fuyions v. fuyiez ils fuient	je fuisse tu fuisses il fuît n. fuissions v. fuissiez ils fuissent	 fuis fuyons fuyez	s'enfuir
je lirais tu lirais il lirait n. lirions v. liriez ils liraient	je lise tu lises il lise n. lisions v. lisiez ils lisent	je lusse tu lusses il lût n. lussions v. lussiez ils lussent	 lis lisons lisez	élire relire
je mangerais tu mangerais il mangerait n. mangerions v. mangeriez ils mangeraient	je mange tu manges il mange n. mangions v. mangiez ils mangent	je mang**e**asse tu mang**e**asses il mang**e**ât n. mang**e**assions v. mang**e**assiez ils mang**e**assent	 mange mang**e**ons mangez	changer déranger nager obliger partager voyager
je mettrais tu mettrais il mettrait n. mettrions v. mettriez ils mettraient	je mette tu mettes il mette n. mettions v. mettiez ils mettent	je misse tu misses il mît n. missions v. missiez ils missent	 mets mettons mettez	admettre commettre permettre promettre remettre
je mourrais tu mourrais il mourrait n. mourrions v. mourriez ils mourraient	je meure tu meures il meure n. mourions v. mouriez ils meurent	je mourusse tu mourusses il mourût n. mourussions v. mourussiez ils mourussent	 meurs mourons mourez	

不定法 現在分詞 過去分詞	直説法			
	現在	半過去	単純過去	単純未来
㉘ **naître** naissant né	je nais tu nais il naît n. naissons v. naissez ils naissent	je naissais tu naissais il naissait n. naissions v. naissiez ils naissaient	je naquis tu naquis il naquit n. naquîmes v. naquîtes ils naquirent	je naîtrai tu naîtras il naîtra n. naîtrons v. naîtrez ils naîtront
㉙ **ouvrir** ouvrant ouvert	j' ouvre tu ouvres il ouvre n. ouvrons v. ouvrez ils ouvrent	j' ouvrais tu ouvrais il ouvrait n. ouvrions v. ouvriez ils ouvraient	j' ouvris tu ouvris il ouvrit n. ouvrîmes v. ouvrîtes ils ouvrirent	j' ouvrirai tu ouvriras il ouvrira n. ouvrirons v. ouvrirez ils ouvriront
㉚ **partir** partant parti	je pars tu pars il part n. partons v. partez ils partent	je partais tu partais il partait n. partions v. partiez ils partaient	je partis tu partis il partit n. partîmes v. partîtes ils partirent	je partirai tu partiras il partira n. partirons v. partirez ils partiront
㉛ **payer** payant payé	je paie [pɛ] tu paies il paie n. payons v. payez ils paient je paye [pɛj] tu payes il paye n. payons v. payez ils payent	je payais tu payais il payait n. payions v. payiez ils payaient	je payai tu payas il paya n. payâmes v. payâtes ils payèrent	je paierai tu paieras il paiera n. paierons v. paierez ils paieront je payerai tu payeras il payera n. payerons v. payerez ils payeront
㉜ **placer** plaçant placé	je place tu places il place n. plaçons v. placez ils placent	je plaçais tu plaçais il plaçait n. placions v. placiez ils plaçaient	je plaçai tu plaças il plaça n. plaçâmes v. plaçâtes ils placèrent	je placerai tu placeras il placera n. placerons v. placerez ils placeront
㉝ **plaire** plaisant plu	je plais tu plais il plaît n. plaisons v. plaisez ils plaisent	je plaisais tu plaisais il plaisait n. plaisions v. plaisiez ils plaisaient	je plus tu plus il plut n. plûmes v. plûtes ils plurent	je plairai tu plairas il plaira n. plairons v. plairez ils plairont
㉞ **pleuvoir** pleuvant plu	il pleut	il pleuvait	il plut	il pleuvra

条件法	接続法		命令法	同型
現在	現在	半過去		
je naîtrais tu naîtrais il naîtrait n. naîtrions v. naîtriez ils naîtraient	je naisse tu naisses il naisse n. naissions v. naissiez ils naissent	je naquisse tu naquisses il naquît n. naquissions v. naquissiez ils naquissent	nais naissons naissez	
j' ouvrirais tu ouvrirais il ouvrirait n. ouvririons v. ouvririez ils ouvriraient	j' ouvre tu ouvres il ouvre n. ouvrions v. ouvriez ils ouvrent	j' ouvrisse tu ouvrisses il ouvrît n. ouvrissions v. ouvrissiez ils ouvrissent	ouvre ouvrons ouvrez	couvrir découvrir offrir souffrir
je partirais tu partirais il partirait n. partirions v. partiriez ils partiraient	je parte tu partes il parte n. partions v. partiez ils partent	je partisse tu partisses il partît n. partissions v. partissiez ils partissent	pars partons partez	dormir ressortir sentir servir sortir
je paierais tu paierais il paierait n. paierions v. paieriez ils paieraient	je paie tu paies il paie n. payions v. payiez ils paient	je payasse tu payasses il payât n. payassions v. payassiez ils payassent	paie payons payez	effrayer essayer
je payerais tu payerais il payerait n. payerions v. payeriez ils payeraient	je paye tu payes il paye n. payions v. payiez ils payent		paye payons payez	
je placerais tu placerais il placerait n. placerions v. placeriez ils placeraient	je place tu places il place n. placions v. placiez ils placent	je plaçasse tu plaçasses il plaçât n. plaçassions v. plaçassiez ils plaçassent	place plaçons placez	annoncer avancer commencer forcer lancer prononcer
je plairais tu plairais il plairait n. plairions v. plairiez ils plairaient	je plaise tu plaises il plaise n. plaisions v. plaisiez ils plaisent	je plusse tu plusses il plût n. plussions v. plussiez ils plussent	plais plaisons plaisez	complaire déplaire (se) taire 注 過去分詞 plu は不変
il pleuvrait	il pleuve	il plût		

不定法 現在分詞 過去分詞	直説法			
	現在	半過去	単純過去	単純未来
㉟ **pouvoir** pouvant pu	je peux (puis) tu peux il peut n. pouvons v. pouvez ils peuvent	je pouvais tu pouvais il pouvait n. pouvions v. pouviez ils pouvaient	je pus tu pus il put n. pûmes v. pûtes ils purent	je pourrai tu pourras il pourra n. pourrons v. pourrez ils pourront
㊱ **préférer** préférant préféré	je préfère tu préfères il préfère n. préférons v. préférez ils préfèrent	je préférais tu préférais il préférait n. préférions v. préfériez ils préféraient	je préférai tu préféras il préféra n. préférâmes v. préférâtes ils préférèrent	je préférerai tu préféreras il préférera n. préférerons v. préférerez ils préféreront
㊲ **prendre** prenant pris	je prends tu prends il prend n. prenons v. prenez ils prennent	je prenais tu prenais il prenait n. prenions v. preniez ils prenaient	je pris tu pris il prit n. prîmes v. prîtes ils prirent	je prendrai tu prendras il prendra n. prendrons v. prendrez ils prendront
㊳ **recevoir** recevant reçu	je reçois tu reçois il reçoit n. recevons v. recevez ils reçoivent	je recevais tu recevais il recevait n. recevions v. receviez ils recevaient	je reçus tu reçus il reçut n. reçûmes v. reçûtes ils reçurent	je recevrai tu recevras il recevra n. recevrons v. recevrez ils recevront
㊴ **rendre** rendant rendu	je rends tu rends il rend n. rendons v. rendez ils rendent	je rendais tu rendais il rendait n. rendions v. rendiez ils rendaient	je rendis tu rendis il rendit n. rendîmes v. rendîtes ils rendirent	je rendrai tu rendras il rendra n. rendrons v. rendrez ils rendront
㊵ **résoudre** résolvant résolu	je résous tu résous il résout n. résolvons v. résolvez ils résolvent	je résolvais tu résolvais il résolvait n. résolvions v. résolviez ils résolvaient	je résolus tu résolus il résolut n. résolûmes v. résolûtes ils résolurent	je résoudrai tu résoudras il résoudra n. résoudrons v. résoudrez ils résoudront
㊶ **rire** riant ri	je ris tu ris il rit n. rions v. riez ils rient	je riais tu riais il riait n. riions v. riiez ils riaient	je ris tu ris il rit n. rîmes v. rîtes ils rirent	je rirai tu riras il rira n. rirons v. rirez ils riront
㊷ **savoir** sachant su	je sais tu sais il sait n. savons v. savez ils savent	je savais tu savais il savait n. savions v. saviez ils savaient	je sus tu sus il sut n. sûmes v. sûtes ils surent	je saurai tu sauras il saura n. saurons v. saurez ils sauront

条件法	接続法		命令法	同型
現在	現在	半過去		
je pourrais tu pourrais il pourrait n. pourrions v. pourriez ils pourraient	je puisse tu puisses il puisse n. puissions v. puissiez ils puissent	je pusse tu pusses il pût n. pussions v. pussiez ils pussent		
je préférerais tu préférerais il préférerait n. préférerions v. préféreriez ils préféreraient	je préfère tu préfères il préfère n. préférions v. préfériez ils préfèrent	je préférasse tu préférasses il préférât n. préférassions v. préférassiez ils préférassent	préfère préférons préférez	céder considérer espérer pénétrer posséder répéter
je prendrais tu prendrais il prendrait n. prendrions v. prendriez ils prendraient	je prenne tu prennes il prenne n. prenions v. preniez ils prennent	je prisse tu prisses il prît n. prissions v. prissiez ils prissent	prends prenons prenez	apprendre comprendre entreprendre reprendre surprendre
je recevrais tu recevrais il recevrait n. recevrions v. recevriez ils recevraient	je reçoive tu reçoives il reçoive n. recevions v. receviez ils reçoivent	je reçusse tu reçusses il reçût n. reçussions v. reçussiez ils reçussent	reçois recevons recevez	apercevoir concevoir décevoir
je rendrais tu rendrais il rendrait n. rendrions v. rendriez ils rendraient	je rende tu rendes il rende n. rendions v. rendiez ils rendent	je rendisse tu rendisses il rendît n. rendissions v. rendissiez ils rendissent	rends rendons rendez	attendre descendre entendre perdre répondre vendre
je résoudrais tu résoudrais il résoudrait n. résoudrions v. résoudriez ils résoudraient	je résolve tu résolves il résolve n. résolvions v. résolviez ils résolvent	je résolusse tu résolusses il résolût n. résolussions v. résolussiez ils résolussent	résous résolvons résolvez	
je rirais tu rirais il rirait n. ririons v. ririez ils riraient	je rie tu ries il rie n. riions v. riiez ils rient	je risse tu risses il rît n. rissions v. rissiez ils rissent	ris rions riez	sourire 注 過去分詞 ri は不変
je saurais tu saurais il saurait n. saurions v. sauriez ils sauraient	je sache tu saches il sache n. sachions v. sachiez ils sachent	je susse tu susses il sût n. sussions v. sussiez ils sussent	sache sachons sachez	

不定法 現在分詞 過去分詞	直説法			
	現在	半過去	単純過去	単純未来
㊸ **suffire** suffisant suffi	je suffis tu suffis il suffit n. suffisons v. suffisez ils suffisent	je suffisais tu suffisais il suffisait n. suffisions v. suffisiez ils suffisaient	je suffis tu suffis il suffit n. suffîmes v. suffîtes ils suffirent	je suffirai tu suffiras il suffira n. suffirons v. suffirez ils suffiront
㊹ **suivre** suivant suivi	je suis tu suis il suit n. suivons v. suivez ils suivent	je suivais tu suivais il suivait n. suivions v. suiviez ils suivaient	je suivis tu suivis il suivit n. suivîmes v. suivîtes ils suivirent	je suivrai tu suivras il suivra n. suivrons v. suivrez ils suivront
㊺ **vaincre** vainquant vaincu	je vaincs tu vaincs il vainc n. vainquons v. vainquez ils vainquent	je vainquais tu vainquais il vainquait n. vainquions v. vainquiez ils vainquaient	je vainquis tu vainquis il vainquit n. vainquîmes v. vainquîtes ils vainquirent	je vaincrai tu vaincras il vaincra n. vaincrons v. vaincrez ils vaincront
㊻ **valoir** valant valu	je vaux tu vaux il vaut n. valons v. valez ils valent	je valais tu valais il valait n. valions v. valiez ils valaient	je valus tu valus il valut n. valûmes v. valûtes ils valurent	je vaudrai tu vaudras il vaudra n. vaudrons v. vaudrez ils vaudront
㊼ **venir** venant venu	je viens tu viens il vient n. venons v. venez ils viennent	je venais tu venais il venait n. venions v. veniez ils venaient	je vins tu vins il vint n. vînmes v. vîntes ils vinrent	je viendrai tu viendras il viendra n. viendrons v. viendrez ils viendront
㊽ **vivre** vivant vécu	je vis tu vis il vit n. vivons v. vivez ils vivent	je vivais tu vivais il vivait n. vivions v. viviez ils vivaient	je vécus tu vécus il vécut n. vécûmes v. vécûtes ils vécurent	je vivrai tu vivras il vivra n. vivrons v. vivrez ils vivront
㊾ **voir** voyant vu	je vois tu vois il voit n. voyons v. voyez ils voient	je voyais tu voyais il voyait n. voyions v. voyiez ils voyaient	je vis tu vis il vit n. vîmes v. vîtes ils virent	je verrai tu verras il verra n. verrons v. verrez ils verront
㊿ **vouloir** voulant voulu	je veux tu veux il veut n. voulons v. voulez ils veulent	je voulais tu voulais il voulait n. voulions v. vouliez ils voulaient	je voulus tu voulus il voulut n. voulûmes v. voulûtes ils voulurent	je voudrai tu voudras il voudra n. voudrons v. voudrez ils voudront

条件法	接続法		命令法	同　型
現　在	現　在	半過去		
je suffirais tu suffirais il suffirait n. suffirions v. suffiriez ils suffiraient	je suffise tu suffises il suffise n. suffisions v. suffisiez ils suffisent	je suffisse tu suffisses il suffît n. suffissions v. suffissiez ils suffissent	suffis suffisons suffisez	注 過去分詞 suffi は不変
je suivrais tu suivrais il suivrait n. suivrions v. suivriez ils suivraient	je suive tu suives il suive n. suivions v. suiviez ils suivent	je suivisse tu suivisses il suivît n. suivissions v. suivissiez ils suivissent	suis suivons suivez	poursuivre
je vaincrais tu vaincrais il vaincrait n. vaincrions v. vaincriez ils vaincraient	je vainque tu vainques il vainque n. vainquions v. vainquiez ils vainquent	je vainquisse tu vainquisses il vainquît n. vainquissions v. vainquissiez ils vainquissent	vaincs vainquons vainquez	convaincre
je vaudrais tu vaudrais il vaudrait n. vaudrions v. vaudriez ils vaudraient	je vaille tu vailles il vaille n. valions v. valiez ils vaillent	je valusse tu valusses il valût n. valussions v. valussiez ils valussent		
je viendrais tu viendrais il viendrait n. viendrions v. viendriez ils viendraient	je vienne tu viennes il vienne n. venions v. veniez ils viennent	je vinsse tu vinsses il vînt n. vinssions v. vinssiez ils vinssent	viens venons venez	appartenir devenir obtenir revenir (se) souvenir tenir
je vivrais tu vivrais il vivrait n. vivrions v. vivriez ils vivraient	je vive tu vives il vive n. vivions v. viviez ils vivent	je vécusse tu vécusses il vécût n. vécussions v. vécussiez ils vécussent	vis vivons vivez	survivre
je verrais tu verrais il verrait n. verrions v. verriez ils verraient	je voie tu voies il voie n. voyions v. voyiez ils voient	je visse tu visses il vît n. vissions v. vissiez ils vissent	vois voyons voyez	entrevoir revoir
je voudrais tu voudrais il voudrait n. voudrions v. voudriez ils voudraient	je veuille tu veuilles il veuille n. voulions v. vouliez ils veuillent	je voulusse tu voulusses il voulût n. voulussions v. voulussiez ils voulussent	veuille veuillons veuillez	

◆ 動詞変化に関する注意

不定法
-er
-ir
-re
-oir

現在分詞
-ant

	直説法現在		直・半過去	直・単純未来	条・現在
je	-e	-s	-ais	-rai	-rais
tu	-es	-s	-ais	-ras	-rais
il	-e	-t	-ait	-ra	-rait
nous	-ons		-ions	-rons	-rions
vous	-ez		-iez	-rez	-riez
ils	-ent		-aient	-ront	-raient

	直・単純過去			接・現在	接・半過去	命令法	
je	-ai	-is	-us	-e	-sse		
tu	-as	-is	-us	-es	-sses	-e	-s
il	-a	-it	-ut	-e	^t		
nous	-âmes	-îmes	-ûmes	-ions	-ssions	-ons	
vous	-âtes	-îtes	-ûtes	-iez	-ssiez	-ez	
ils	-èrent	-irent	-urent	-ent	-ssent		

〔複合時制〕

直　説　法	条　件　法
複合過去（助動詞の直・現在＋過去分詞）	過　去（助動詞の条・現在＋過去分詞）
大 過 去（助動詞の直・半過去＋過去分詞）	接　続　法
前 過 去（助動詞の直・単純過去＋過去分詞）	過　去（助動詞の接・現在＋過去分詞）
前 未 来（助動詞の直・単純未来＋過去分詞）	大過去（助動詞の接・半過去＋過去分詞）

* **現在分詞**は，通常，直説法・現在１人称複数の語尾 -ons を -ant に変えて作ることができる.（nous connaissons → connaissant）
* **直説法・半過去**の１人称単数は，通常，直説法・現在１人称複数の語尾 -ons を -ais に変えて作ることができる.（nous buvons → je buvais）
* **直説法・単純未来**と**条件法・現在**は，通常，不定法から作ることができる.
  （単純未来： aimer → j'aimerai　finir → je finirai　écrire → j'écrirai）
  ただし，-oir 型動詞の語幹は不規則.（pouvoir → je pourrai　savoir → je saurai）
* **接続法・現在**の１人称単数は，通常，直説法・現在３人称複数の語尾 -ent を -e に変えて作ることができる.（ils finissent → je finisse）
* **命令法**は，直説法・現在の２人称単数，１人称複数，２人称複数から，それぞれの主語 tu, nous, vous を取って作ることができる.（ただし，tu -es → -e　tu vas → va）
  avoir, être, savoir, vouloir の命令法は接続法・現在から作る.